梅棹忠夫の「日本人の宗教」

梅棹忠夫 著・中牧弘允 編著

淡交社

梅棹忠夫の「日本人の宗教」

梅棹忠夫 著・中牧弘允 編著

淡交社

梅棹忠夫（一九二〇～二〇一〇）　一九八五年ごろ

口絵写真提供　梅棹淳子

目次

まえがき

中牧弘允

本書は、梅棹忠夫が半世紀も前に執筆をひきうけ、あれこれ構想をねった段階で凍結されていたものを、生誕一〇〇年を機に解凍する作業から生まれた刊行物である。ちょうど没後一〇年にもあたり、ながく館長をつとめた国立民族学博物館では企画展「知的生産のフロンティア」（二〇二〇年四月二三日―六月二三日）が予定されている。そこでは梅棹が知的生産のために駆使した技術のひとつである「こざね」についても実物が展示されることになっている。

梅棹忠夫は淡交社から依頼された『日本人の宗教』のために、構想メモをこざねという形で三五〇枚ほどのこしていた。こざねとはＢ８判の紙片である。それをホッチキスでつなぎあわせると、いかにも鎧《よろい》の小札《こざね》を連想させるところからその名がつけられた。梅棹自身による命名であり、『知的生産の技術』（岩波書店、一九六九年）でも紹介されている。

『日本人の宗教』は淡交社が企画した「世界の宗教」全一二巻シリーズの最終巻であった。内容見本のリーフレットで刊行の趣旨をみると、「人間がきずきあげた文化のなかで、もっとも大きな流れとなっているものは、宗教の歴史である」と切り出し、「宗教が世界の動きや文化の基調にあ

るということを、現代の視点で再反省することの意味が、今日ほど切実に問われている時代はないであろう」と述べられている。全一二巻のラインアップは次のようになっていた。

1　ダビデの星　ユダヤ教　長谷川　真
2　愛と裁き　カトリック　会田雄次、谷　泰
3　告白と抵抗　プロテスタント　木村尚三郎、赤井　彰、井門富二夫
4　永遠のイコン　ギリシャ正教　米田治泰、森安達也
5　啓示と実践　イスラム　吉田光邦
6　神秘と現実　ヒンズー教　山崎利男
7　布施と救済　大乗仏教　岩本　裕
8　戒律の救い　小乗仏教　石井米雄
9　永生への願い　道教　吉岡義豊
10　カミの誕生　原始宗教　岩田慶治
11　疎外と寛容　現代宗教　加藤秀俊
12　日本人の宗教　梅棹忠夫

本シリーズは一九六九年五月から配本がはじまり、第一二巻『日本人の宗教』は翌一九七〇年七月に刊行され、めでたく完結した。ただし、第六巻の「ヒンズー教」は「ヒンドゥー教」にかわり、第一二巻からは梅棹忠夫の名が消え、井門富二夫、吉田光邦の編著に切り替えられている。編集後記には「梅棹忠夫氏が健康その他の事情で原稿完成がかなり遅れる見通しとなりましたので、急遽

本巻を『シンポジウム　日本人の宗教』と変更させていただきました」とある。よりくわしい経緯は第一章「ことの発端」にゆずり、ここでは本書の構成について述べておきたい。

全体で三章からなり、第一章が「幻の著書『日本人の宗教』を追跡する」である。梅棹資料室に保管されていたこざねから梅棹がどのような本をつくろうとしていたのかを追跡し、推理するものである。わたしにその課題がふられたが、一気呵成にしあげる時間的余裕はなく、同人誌『千里眼』の連載で乗り切ろうとかんがえた。『千里眼』は梅棹が中心となって一九八三年に創刊された。大阪の千里にゆかりのある同人が自由に投稿できる年四回発行の雑誌である。梅棹は同人誌を「活字のカラオケ」とみなし、「千里眼」という洒落たネーミングをかんがえだした。『千里眼』ならカラオケ同様、勝手に何でも書けるメリットがある。こうして「梅棹忠夫の『日本人の宗教』」というタイトルで一一回の連載をつづけた（『千里眼』一三七号―一四七号、千里文化財団、二〇一七年三月―二〇一九年九月）。その本文をほぼすべて再録したのが第一章である。

第二章には「宗教の比較文明論」という標題がつき、「日本の宗教」というカードを一枚いれたところの梅棹による宗教の比較文明論をあつめた。最初の「日本人の宗教生活」は京都大学人文科学研究所の共同研究会での発表である。一九七二年五月二二日におこなわれ、幻におわった淡交社の本についてもふれている。そこでは、淡交社との約束をはたしたいと述べ、基本構想にあたるユニークな視点を開示している。シンクレティズム批判、メーカーの論理、ユーザーの論理、ブランド指向、宗教の家政学、経済アナロジー等々、『日本人の宗教』の骨格になるはずだった部分をそこから知ることができる。

つぎにエッセイ「梅棹家の宗教生活」を挿入した。「神がみの正月」と「家庭における神と芸術」である。家庭、しかも梅棹家という身近な話題から比較文明論がくりひろげられている。

そのあとに一本の基調講演を入れた。それは「近代化と宗教」と題され、一九八八年三月、谷口国際シンポジウム文明学部門の第六回「宗教の比較文明学」の初日になされた。このシンポジウムは「近代世界における日本文明」をシリーズの統一テーマにすえ、一九八三年から一九九八年まで都合一七回開催された。梅棹は毎年、その基調講演をひきうけた。

梅棹の比較文明論への関心は一九五五年の京都大学カラコラム・ヒンズークシ学術探検隊への参加時に胚胎した。とくにイスラームとヒンドゥーという二大宗教伝統にふれたことがおおきい。そのとき宗教をとおして比較文明論が展開できると感じたといってもよいだろう。そこで「宗教の比較文明論への試論」をここに再録することにした。それは一九五九年に用意され、『思想の科学』に掲載される予定だったが、未定稿としてのこされ、ようやく「梅棹忠夫著作集」第五巻『比較文明学研究』におさめられたものである。

第三章は梅棹とわたしとの対談である。なんともおこがましいが、宗教をめぐる対談はこれしかない。梅棹と宗教家との対談もわたしは知らない。梅棹が視力を喪失して間もないころだったため、病気の話題にもおよんでいる。

最後に、本書の姉妹編とでもいうべき本を紹介しておきたい。それは『梅棹忠夫の「人類の未来」―暗黒のなかの光明』である。梅棹忠夫著、小長谷有紀編著で二〇一二年に勉誠出版から刊行された。そこでも「こざね」が命綱の役割りを果たしていた。『人類の未来』は梅棹が河出書房か

ら依頼された「世界の歴史」第二五巻の題名である。梅棹は約三〇〇枚のこざねをつくり、三部構成で一二章にわたる目次を仕上げた。しかし、梅棹の多忙のゆえに、こざねや目次はお蔵入りとなってしまった。それを梅棹資料室からとりだし、ブレーンストーミングの速記録や関連の対談・座談をあつめて一冊の本に編んだのが、『梅棹忠夫の「人類の未来」』である。

『人類の未来』と『日本人の宗教』はほぼ同時期に企画されたシリーズの最終巻である。梅棹がトリをとることも、ついに幻におわったことも共通している。さらにこうして、四〇年、五〇年の時をへだてて不死鳥のようによみがえるという点でも、似た運命をたどっている。

梅棹忠夫の生誕一〇〇年という記念すべき年に本書がささやかな花を添えることができればまことにさいわいである。

二〇二〇年二月

凡例

一、梅棹忠夫が「こざね」に書いた文字のうち、明らかな誤りは正し、他は原資料のままとした。
一、出典表記において、「梅棹忠夫著作集」は「著作集」として巻数と巻名を明示した。
一、梅棹忠夫による注記は＊を付して底本通りとし、中牧弘允による注記は◆を付して加筆した。
一、本書の初出誌と底本は、二三一頁に一覧した。

第1章
幻の著書『日本人の宗教』を追跡する

*

中牧弘允

1968年に企画された「世界の宗教」シリーズ全12巻の掉尾を飾るべく梅棹忠夫に依頼された『日本人の宗教』。梅棹は「こざね」と称する独自の方法で執筆の構想を練っていたが、ついに原稿化されることはなかった。

梅棹資料室に残されたこざねをもとに、梅棹がいかなる著作を生み出そうとしていたのかを、中牧弘允が追跡、推理する。

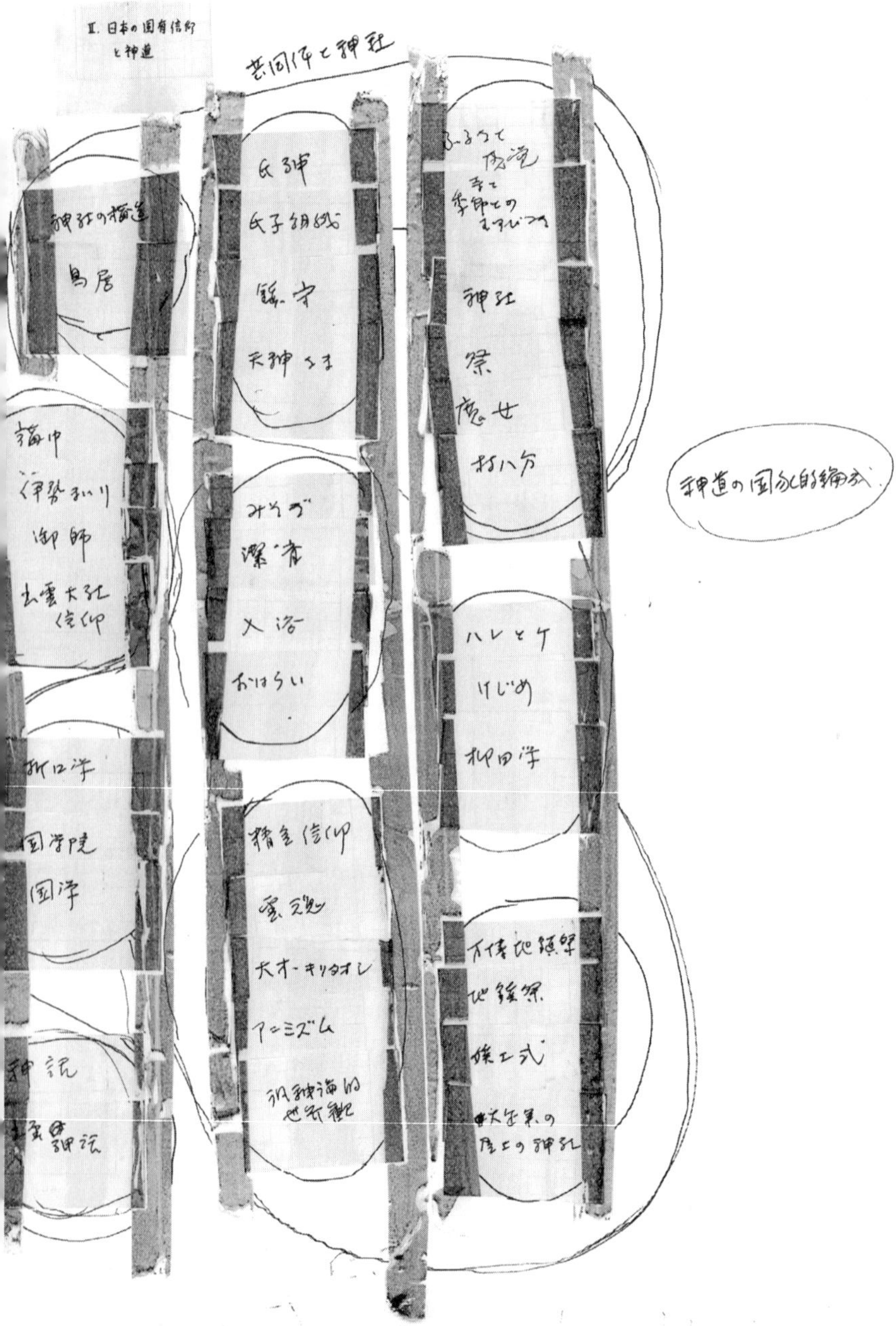
Ⅱ. 日本の固有信仰
と神道
共同体と神社
神社の参道
鳥居
講中
伊勢まいり
御師
出雲大社信仰
折口学
国学院
国学
神託
氏神
氏子組織
鎮守
天神さま
みそぎ
潔斎
入浴
おはらい
精霊信仰
霊魂
アニミズム
汎神論的
世界観
ふるさと
伝統
季節との
むすびつき
神社
祭
村八分
ハレとケ
けじめ
柳田学
地鎮祭
竣工式
大企業の
屋上の神社
神道の国家的編成

I. 日本人の宗教は何か

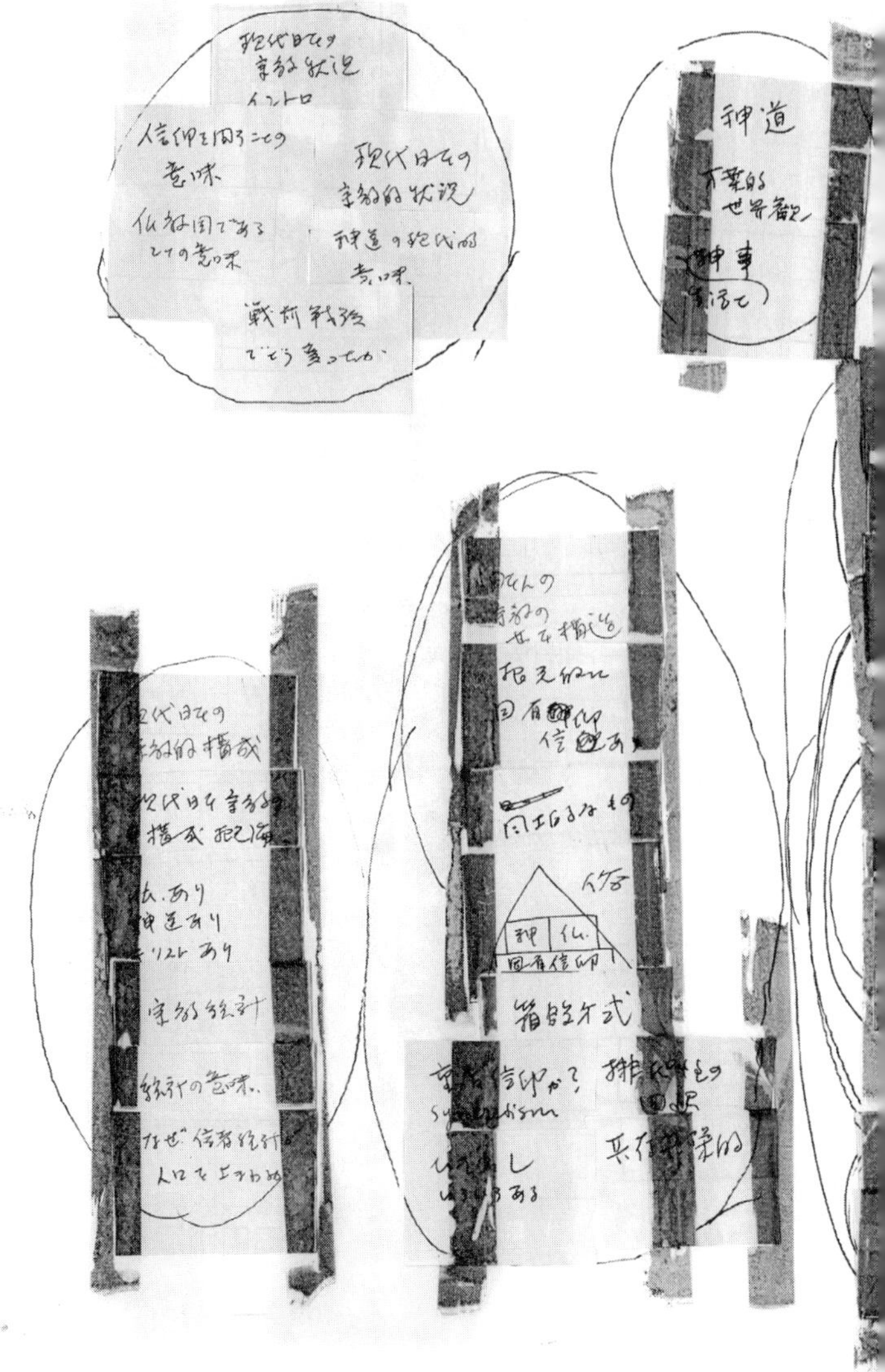

現代日本の
宗教状況
イントロ
信仰を問うことの
意味
現代日本の
宗教的状況
仏教国である
ことの意味
神道の現代的
意味
戦前戦後
でどう違ったか
神道
現代日本の
宗教的構成
宗教統計
統計の意味
神
仏
固有信仰

Ⅲ．日本における仏教の導入と展開

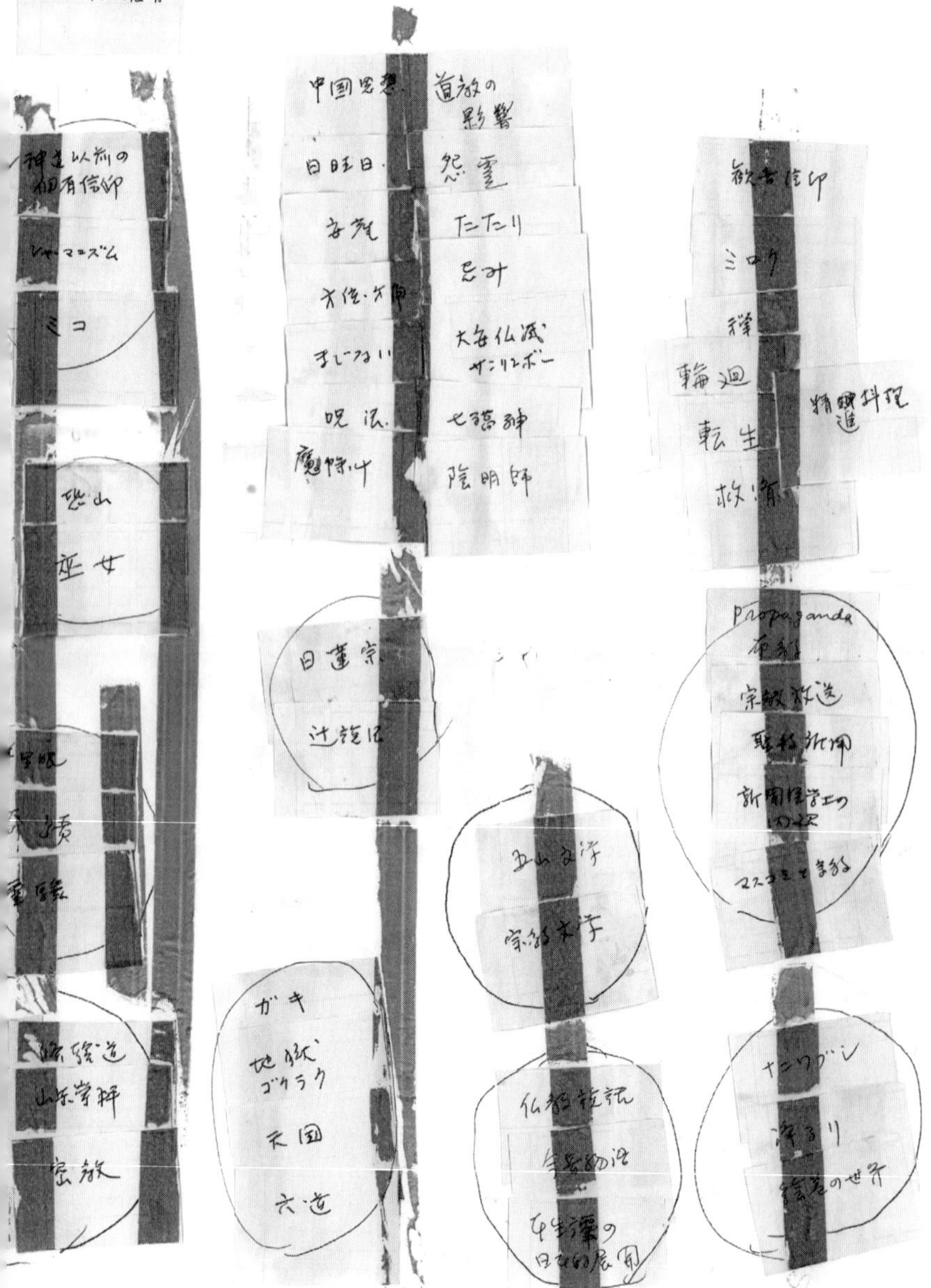

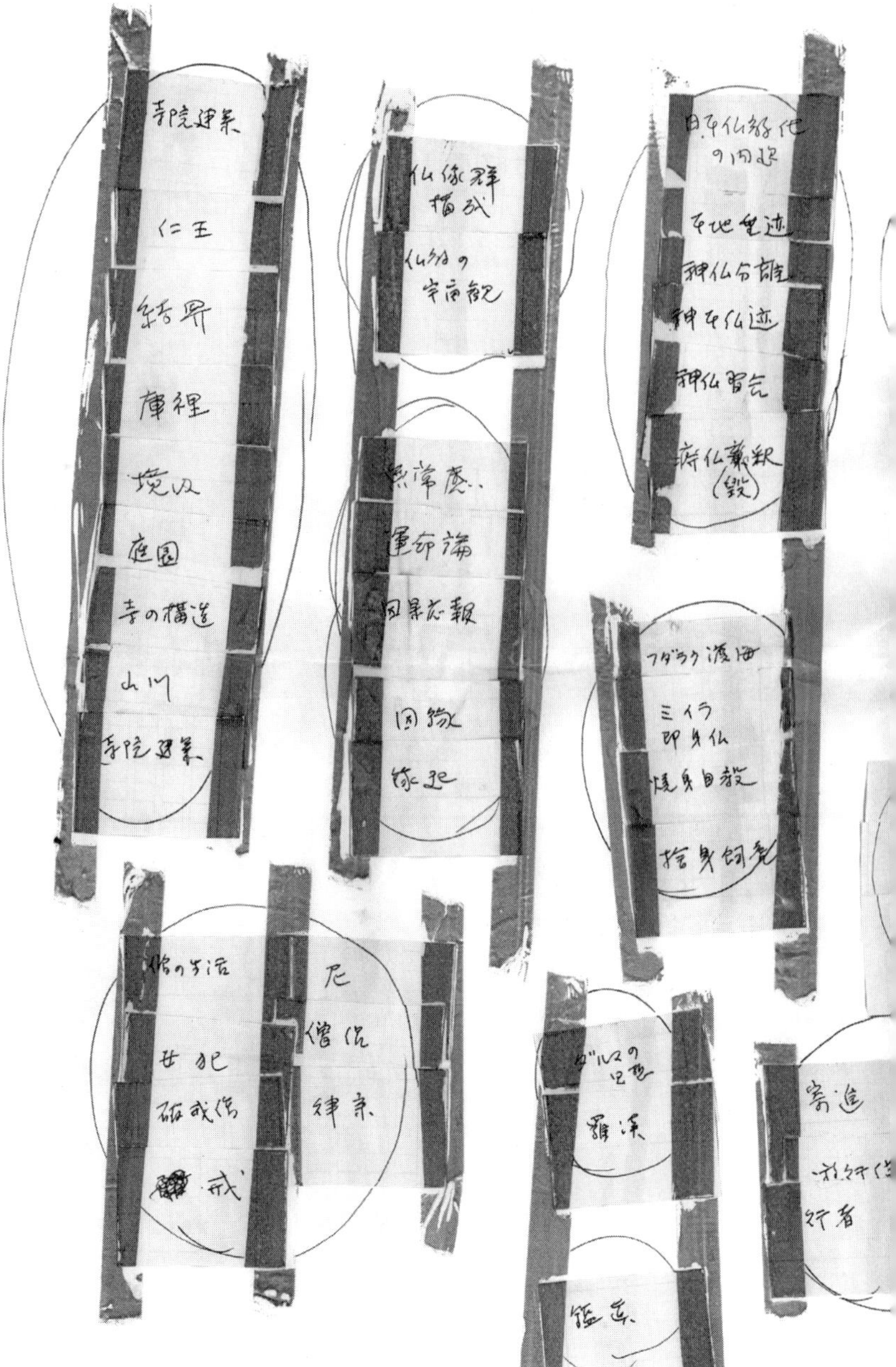

寺院建築
仁王
結界
庫裡
境内
庭園
寺の構造
山門
寺院建築
仏教の宇宙観
無常感
運命論
因果応報
因縁
縁起
本地垂迹
神仏分離
神本仏迹
神仏習合
廃仏毀釈
（毀）
フダラク渡海
ミイラ
即身仏
焼身自殺
捨身飼虎
僧の生活
女犯
破戒僧
戒
尼
僧侶
律宗
羅漢
鑑真
寄進
行者

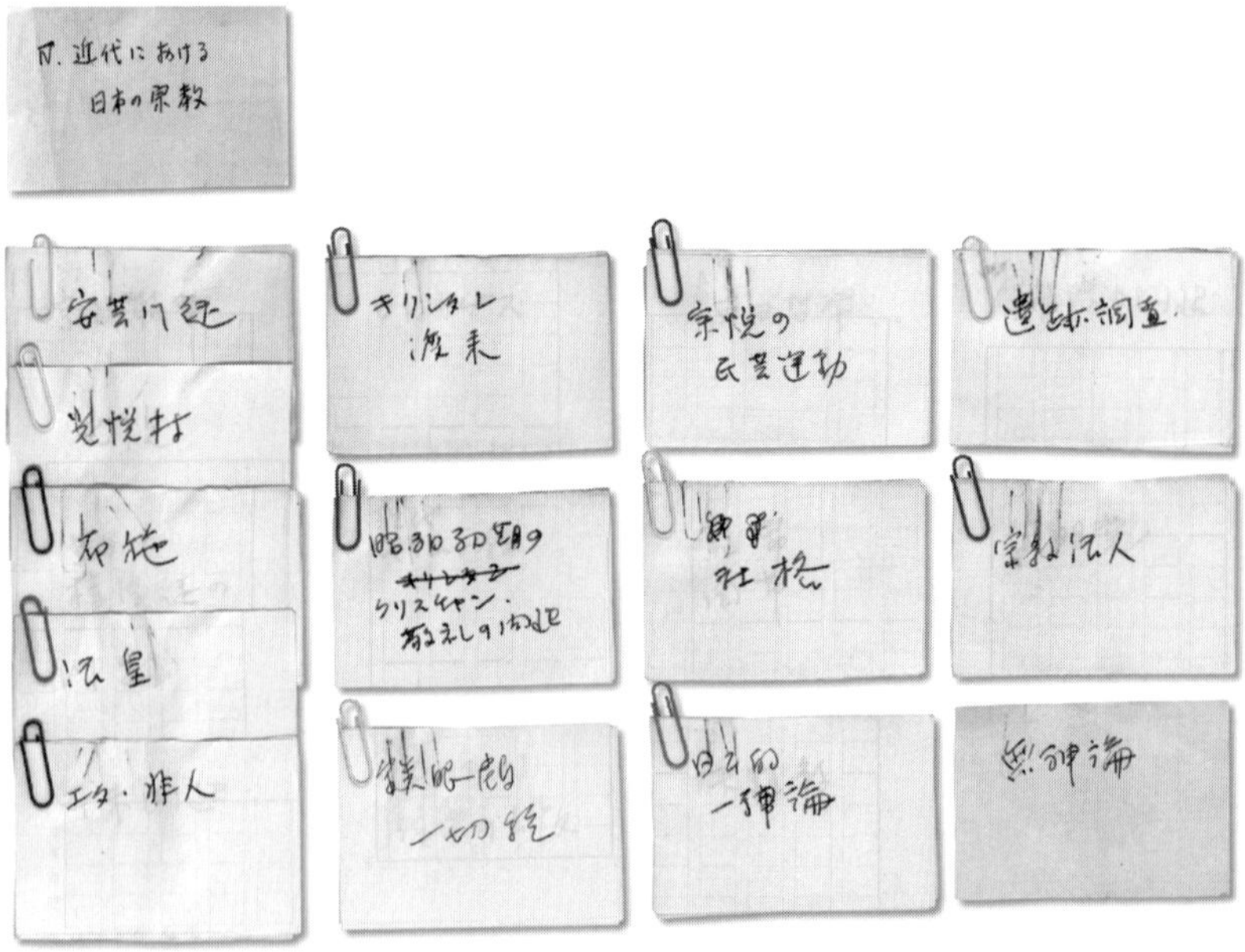

Ⅳ. 近代における
日本の宗教
安芸門徒
布施
法皇
エタ・非人
キリシタン
渡来
昭和初期の
クリスチャン・
一切経
宗悦の
民芸運動
神社
社格
日本的
一神論
遺跡調査
宗教法人
無神論

家庭における
宗教教育
secularism
心境部落
宗教と
Generation
移民と宗教
とくにアメリカ
倫理運動

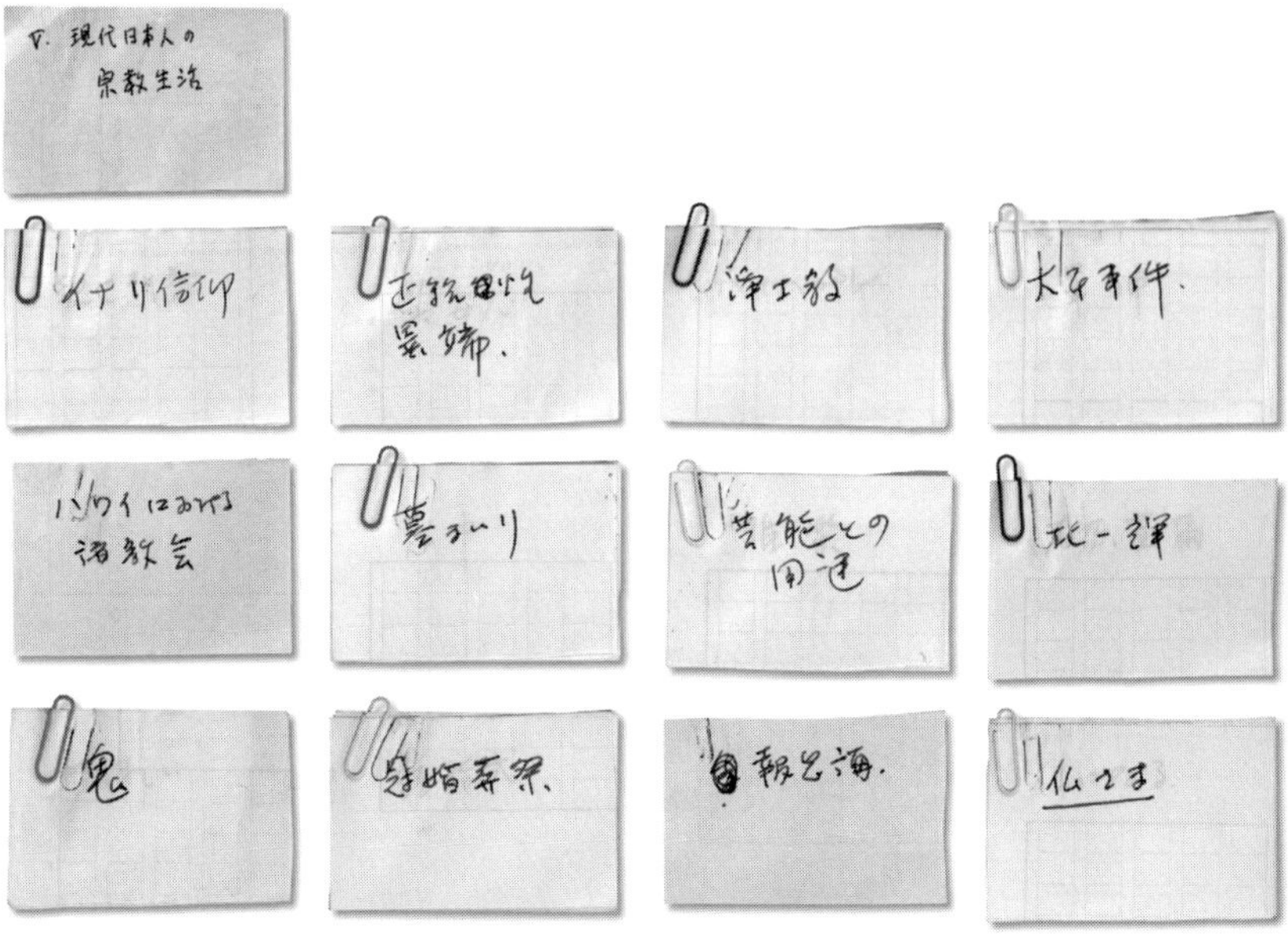

梅棹アーカイブズ 一件ファイル：淡交社「世界の宗教」『日本人の宗教』
「こざね」国立民族学博物館所蔵

ことの発端

二〇一六年一一月、梅棹資料室から資料点検の相談をうけた。梅棹資料室とは国立民族学博物館の初代館長梅棹忠夫から寄贈されたアーカイブズを保存・整理し、その活用をはかるところである。用件は、かつて梅棹忠夫が京都の淡交社から執筆依頼をうけたが、書けなかった書物の一件資料を見てほしいとのことであった。

資料室へ出むいて確認してみると、保管されているのは一件資料としてオープンファイル八、録音テープと文字おこし原稿五、封筒一〇であった。オープンファイルには、たたまれた模造紙の全紙が二枚あり、セロテープで貼り付けられた「こざね」がはがれて、ばらばらとかたまっていた。「こざね」とはB8サイズの紙切れのことである。梅棹は鎧《よろい》の小札《こざね》からそのように命名し、一枚にひとつの着想や項目などを記し、それを並べかえ、つなぎあわせることで、論文や講演の構想を練りあげていった。梅棹の『知的生産の技術』（岩波新書、一九六九年）にも紹介されている知的アイテムである。

その一件資料のなかに「世界の宗教」全一二巻（淡交社）の内容見本があり、その最終巻である『日本人の宗教』について、京都大学助教授梅棹忠夫の文章として次のように載っている。

日本は宗教事情の複雑な国である。神道のような固有信仰もあれば、中国渡来の道教や儒教の影響もある。インド起源の仏教もあれば、ヨーロッパから輸入されたキリスト教も生きている。このような状況を理解するには、教義論や思想史からの接近のほかに、それらの宗教が社会において生きている具体的な姿を通してみることがたいせつであろう。そのような、いわば人類学的な方法をもちいて、日本の宗教の文明論的考察をこころみてみたいというのが、わたしの執筆の姿勢である。

『日本人の宗教』は、一九六九（昭和四四）年五月より毎月刊行されたシリーズの掉尾を飾るものであった。しかしながら、当時、大阪万博の開催を控え、大学紛争の渦中にもあり、多忙をきわめていたにちがいない梅棹は、本書を完成させることができなかった。かわりに井門富二夫・吉田光邦編の『日本人の宗教』が予定より三ヵ月遅れで一九七〇（昭和四五）年七月二九日に発行されている。その間の事情は「四次元譜」と題された月報の最終頁にある、「編集室」という編集後記にあたる部分に次のように記されている。

> 「世界の宗教」第十二巻「日本人の宗教」をお届けします。この巻をもって本全集もすべて完結いたしました。しかし、全集完結にあたって第十二巻の完結がはなはだ遅れましたことをお詫びいたします。実は、第十二巻を担当していただくことになっておりました、梅棹忠夫氏が健康その他の事情で原稿完成がかなり遅れる見とおしとなりましたので、急遽本巻を「シン

ポジウム　日本人の宗教」と変更させていただきました。梅棹氏による「日本人の宗教」の企画は、「日本人の宗教生活」というタイトルのもとに、別に単行本の形で刊行する予定で準備を進めております。このような企画の変更について読者の方たちには改めてお詫び致します。

（担当　服部）

しかし、単行本『日本人の宗教生活』もまた日の目を見ることはなかった。大阪万博が終了してほどなく、国立の民族学研究博物館の創設に向け、一方の旗振り役をつとめた泉靖一東京大学教授が急逝し、梅棹はその分まで責任を負うことになってしまったからである。それでも執筆への意欲はもちつづけていた。たとえば一九七二年五月二二日、京都大学人文科学研究所でみずから主宰する共同研究「文明の社会人類学的研究」において「比較宗教生活論」という研究発表をおこなっている。その発表内容は録音テープをもとに「著作集」第七巻『日本研究』に収録されている。そのなかで淡交社の本について言及している部分があるので、それを抜粋してみよう。

> 日本における宗教の具体的なありかた、あるいは日本人の信仰生活を、具体的なかたちとしてとりだしてみるとどういうことになるか。まえに京都の出版社、淡交社から「世界の宗教」というシリーズが刊行された。…《中略》…じつは、このシリーズの最後の巻として『日本人の宗教生活』◆というのを、わたしが執筆することになっていた。しかし、いろいろないきさつによって、この企画は実現しなかった。

しかし、この本のために、わたしは現実に調査をおこなっている。その方法は面接である。かなりのひとに面接して、「あなたの内面のなかで、宗教に関係があるとおもうことを、ぜんぶここで告白してください」というかたちで、人びとの告白をききだしたのである。それぞれにかなりの時間をかけて、ごくふつうの市民や主婦たちを対象にして、対話をかさねた。その記録はすべてテープにとられ、原稿におこされている。

いずれこの資料をまとめて、一冊の本にして、淡交社との約束をはたしたいとおもっている。ここでは、その面談調査からえられたひとつのアイディアをもとにして、日本人の宗教生活について、ひとつの見かたをお話したいとおもっている。

面談から発想した日本人の宗教生活における見かたというのは、従来いわれているシンクレティズム（重層信仰、神仏習合）ではなく、むしろ心のなかにそれぞれの位置をしめて共存している宗教のありかたである。「まじりあい」ではなく、モザイクでもなく、むしろキメラ（ギリシャ神話の怪獣、植物学の接木体）にちかい存在である。そこに産業のアナロジーが登場し、宗教におけるメーカーの論理とユーザーの論理という指摘につながっていく。神道、仏教、キリスト教というようなメーカーの論理にたいし、消費者であるユーザーの側から論理を組み立ててみる、というのが梅棹のひらめきであった。面談した人びとは特定宗教に熱心な人はすくなく、ブランド指向が低いとみなされた。それならば、消費者研究こそが課題であり、とりわけ家庭における宗教的選択の問題が重要であり、それは一種の家政学にほかならないと梅棹は断言した。さらに、メーカーとユーザーの

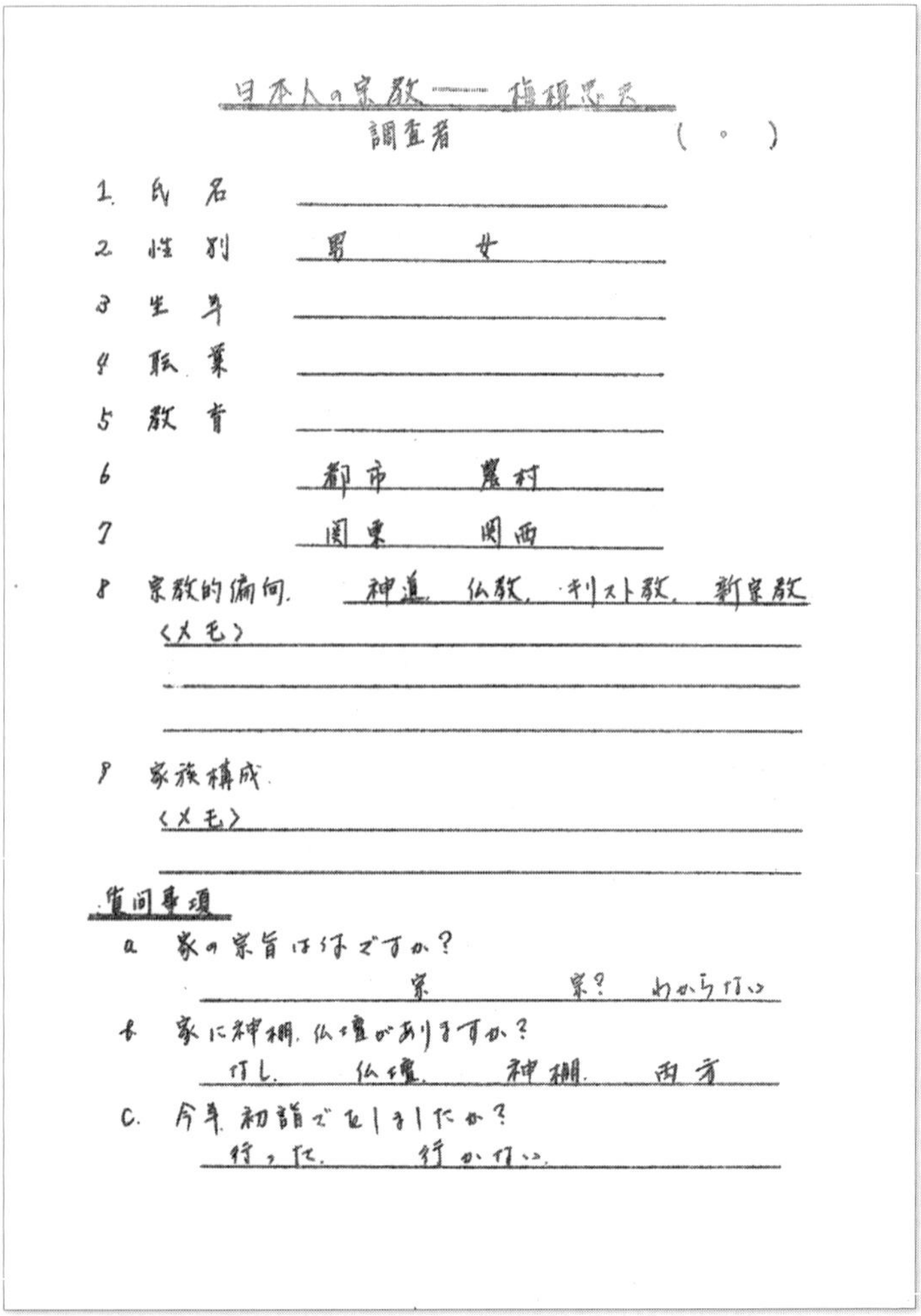

日本人の宗教 —— 価値意識

調査者　　　　（　。　）

1. 氏　名 ＿＿＿＿＿＿

2. 性　別　男　　女

3. 生　年 ＿＿＿＿＿＿

4. 職　業 ＿＿＿＿＿＿

5. 教　育 ＿＿＿＿＿＿

6. 都市　　農村

7. 関東　　関西

8. 宗教的傾向.　神道, 仏教, キリスト教, 新宗教

〈メモ〉

9. 家族構成

〈メモ〉

質問事項

a　家の宗旨は何ですか？

宗　　宗?　わからない

b　家に神棚, 仏壇がありますか？

無し.　仏壇.　神棚.　両方

c. 今年初詣でをしましたか？

行った.　行かない.

アナロジーをこえて、工業の論理はじつは宗教が基礎を用意したのではないかという文明論的な検討に歩をすすめていった。経済市場の支配に先立って人間の精神的支配が歴史的におこったのではないか、というのである。

このように梅棹は着々と執筆の準備をすすめていた。だが、一九七三年四月、民博の創設準備室室長に就任し、週の大半を東京で過ごすことになる。そして翌一九七四年六月、民博の創設にともない初代館長に就任する。『日本人の宗教生活』は幻の書となり、集めたデータや書き付けたメモは半永久的にお蔵入りとなってしまった。

このたび、民博で梅棹アーカイブズが整備される過程で、一件資料のデータやメモがダンボールに詰められ別置されたまま〝発見〟された。梅棹資料室の担当者によると、やはり同時期に企画され幻となった『人類の未来』（河出書房新社）にほぼ匹敵する量であるという。『人類の未来』のほうは梅棹の没後に目次用の「こざね」を冒頭に据え、ブレインストーミングにあたる対談・鼎談などの速記録の肝心な部分を掲載し、いくつかの書きおろし論考を集めて一冊の本にまとめている（梅棹忠夫著・小長谷有紀編『梅棹忠夫の「人類の未来」—暗黒のかなたの光明』勉誠出版、二〇一二年）。わたしも一文を寄稿している（「梅棹忠夫の未来研究—教祖か予言者か祭司か?」）。それは日本科学未来館で開催された「ウメサオタダオ展—未来を探検する知の道具—」（二〇一一年一二月二一日—二〇一二年二月二〇日）の展覧会図録のような役割りをになうことになった。

他方、『日本人の宗教』のほうはようやく蔵出しがすみ、ばらばらの「こざね」とともに折りたたまれていた模造紙二枚を何とか復元したにとどまっている。それ以外にも「こざね」の束がいく

つもあり、目次は未完成であった。面談のほうは、テープ起こしをした原稿用紙を読むと、たとえばシンクレティズムではない共存のありかたを着想した「あるひとりの中年婦人のケース」（『著作集』第七巻『日本研究』、四三六頁）について、くわしく知ることができる。

梅棹が構想した『日本人の宗教』の目次は五部構成をとっている。

Ⅰ．日本人の宗教は何か
Ⅱ．日本の固有信仰と神道
Ⅲ．日本における仏教の導入と展開
Ⅳ．近代における日本の宗教
Ⅴ．現代日本人の宗教生活

ⅠからⅢまでは「こざね」が模造紙に貼り付けられ、構想はほぼ固まっていた、とみてよい。ⅣとⅤは「こざね」が束ねられているだけで、目次にまでは至っていない。

梅棹は生涯にわたり八〇〇人ほどの人びとと一三〇〇回以上の対談・鼎談・座談をおこなっているが、宗教をテーマにしたものはさほどおおくはない。それでもメーカーの論理とユーザーの論理を議論した座談会「神々の分業―日本人の宗教と信仰心について」（『Energy』第九巻第二号、エッソ・スタンダード石油広報部、一九七二年）など、おおかたの関心をひくとおもわれるものがいくつかある。

さらに、淡交社が梅棹に『日本人の宗教』を依頼する契機ともなったはずの先行研究も忘れることはできない。とりわけ『中央公論』で連載した「日本探検」シリーズのなかの「大本教」と「出雲大社」は秀逸である（『著作集』第七巻『日本研究』所収）。また、『美意識と神さま』（中央公論社、

一九八一年）に収録された「家庭における神と芸術」の諸論考も示唆に富んでいる。

　わたしは初夢で梅棹忠夫著『日本人の宗教』の幻を見たわけではない。だが、梅棹が文化人類学の面談という手法をつかい、比較文明論の枠組みで解明しようとした日本人の宗教生活について、もし今からでも一冊の書が刊行されたら、幻ではなく現実に名著となるにちがいない。半世紀近くの時空をへだててもなお梅棹の構想は生き生きとよみがえるはずである。さいわい、担当した編集者も健在であり、出版社も安泰である。わたしは幻の初夢が正夢になることをひそかに期待している。

◆「世界の宗教」シリーズの最終巻のタイトルは『日本人の宗教』であり、『日本人の宗教生活』は、シリーズとは別に企画された単行本のタイトルである。

こざねの配置から追跡するⅠⅡⅢ

☯ Ⅰ．日本人の宗教は何か

模造紙の最上段に「Ⅰ．日本人の宗教は何か」というこざねがある。これを記入したのは梅棹ではなく、編集者の服部友彦である。服部自身の字であることは当人が確認している。それが第Ⅰ部の標題にあたり、俯瞰すると実線でかこまれた三つのシマ（島）から構成されている。それぞれのシマには赤字でくくりのテーマが書き込まれている。すなわち、

「現代日本の宗教状況　イントロ」（Ⅰのシマ①）
「現代日本の宗教的構成」（Ⅰのシマ②）
「日本人の宗教の基本構造」（Ⅰのシマ③）

である。この順番で章立てがなされているので、逐次見ていくことにしたい。

最初のシマ①は「現代日本の宗教状況　イントロ」とあるので、現代を入口とするもので、古代から時系列に沿って歴史的に記述する意図がまったくないことがわかる。こざねの配列から、「信仰を問うことの意味」と「現代日本の宗教的状況」は対をなし、「仏教国であることの意味」と

「神道の現代的意味」も対比的に論じようとする姿勢がうかがわれる。そして最後のこざね「戦前戦後でどう変ったか」は両者の中間に置かれている。

推測するに、日本人の信仰を問うことによって日本の宗教状況がわかるだろうか、という疑問からはじまり、仏教国とは自覚していないかもしれないが、日本は東南アジア諸国とおなじように仏教国と言ってもあやまりではないが、同時に神道という固有の宗教をあわせもち、一枚岩の仏教国ではないと問題提起しようとしたのではないか。そして、いわゆる国家神道体制後の日本の状況に目を向け、仏教と神道の関係が戦前と戦後でどう変ったかを指摘し、序論を結ぼうとしたのであろう。

次のシマ②は「現代日本の宗教的構成」である。こざねの配列は「現代日本宗教の構成概論」にはじまり、「仏あり　神道あり　キリストあり」とつづき、「宗教統計」を示し、「統計の意味」を問い、「なぜ信者統計が人口を上まわるか」となっている。つまり、日本の文化庁宗務課が毎年だしている宗教統計に依拠するなら、日本には仏教、

Ⅰのシマ①

現代日本の宗教状況 イントロ	
信仰を問うことの 意味	現代日本の 宗教的状況
仏教国であることの 意味	神道の 現代的意味
戦前戦後で どう変ったか	

Ⅰのシマ②

現代日本の 宗教的構成
現代日本宗教の 構成概論
仏あり 神道あり キリストあり
宗教統計
統計の意味
なぜ信者統計が 人口を上まわるか

神道、キリスト教などの宗教・宗派があり、それぞれが申告する信者数の総計は人口の二倍ほどに達することを述べ、統計は無意味ではないが、信者総数が人口とほぼ匹敵するような東南アジア諸国とはまったく異なることを論じたかったのかもしれない。

　最後のシマ③は「日本人の宗教の基本構造」である。「根元的に固有信仰あり」からはじまり、「同士的なもの」がそれを受け、三角形と長方形の組み合わさった「箱段方式」と命名された概念図が提示される。三角形の外は「俗」であるから内は聖となる。神・仏・固有信仰の関係は固有信仰の上に神・仏が等しく並置されている。そして、その下に対比的な四枚のこざねが並んでいる。それらは「重層信仰か？ Syncretism」と「排他性の問題」がひとつの対をなし、「ひき出しいろいろある」と「共存共栄的」がもう一対の関係にある。

Iのシマ③

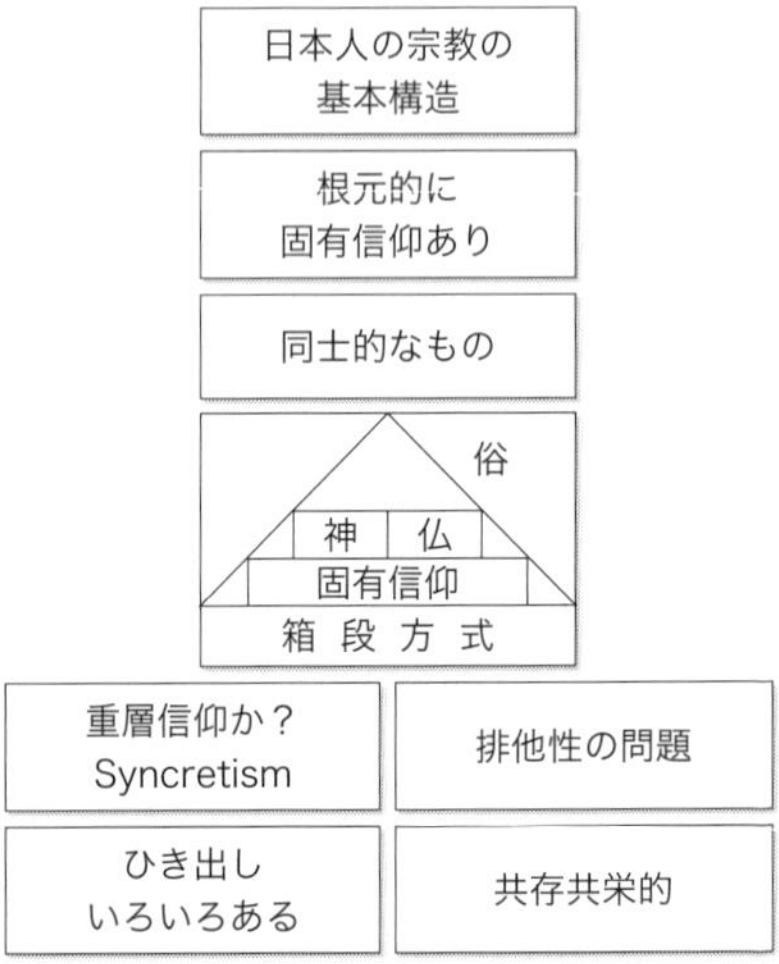

　日本人には根元的に固有信仰があり、それが基層となって、神道と仏教がその上に乗り、拮抗的関係にあるというのがモデル図である。箱段のように積みあがっていて、引き出しは固有信仰・神道・仏教など多様である。それらの相互の関係はシンクレティズムといわれるような重なりか、それとも相互に排他性をもつ関係なのか、あるいはむしろ「共存共栄的」と見たほうがいいのか等々、

いくつかの問題を提起するつもりだったのだろう。気になるのは「同士的なもの」ということざねである。信仰・信念を核とする「同志」ではなく、「いとこ同士」「観客同士」のように種類・関係がおなじ「同士」のほうを使っている意図とは何か。プロテスタントが信仰による同志的結合をめざしていたとすれば、日本人の宗教は血縁や地縁の同士的結合に立脚していることを指摘したかったのかもしれない。

　Ⅰのこざねは以上であるが、日本人の宗教の基本構造は中核に信仰があるような同心円ではなく、引き出しをいくつもそろえた箱段のようなもので、必要に応じてとりだす宗教が共存共栄的に格納されている、と梅棹は踏んでいたように思われる。

Ⅱ. 日本の固有信仰と神道

　こざねの枚数をかぞえてみると、Ⅰは二二枚しかないのに対し、Ⅱには四一枚もある。こざね以外の書き込みも二ヵ所あるので、四三項目と言ってもよい。いよいよ本論となるが、その最初に固有信仰と神道をもってきている。仏教はⅢのテーマだ。Ⅱの小さなシマは一一ある。楕円の丸でかこまれた「神道の国家的編成」もくわえれば、一二となる。上位のくくりとしての大きなシマは三つである。そのうちのひとつには「共同体と神社」という標題がつけられているが、ほかの二つには標題がない。

　まず「共同体と神社」のおおきなシマ①から見てゆくことにしよう。それは三つの小さいシマで

構成されていて、左・中・右の順に拡大的に展開している。

左のシマには二枚のこざねしかない。「神社の構造」と「鳥居」である。ここでは鳥居をくぐって手水舎、拝殿、神殿、神楽殿、社務所などから構成される神域の建物の配置やご神木や社叢など鎮守の森のたたずまいについて解説するつもりだったのだろう。あえて「鳥居」と記したのは結界について論じたかったのかもしれない。

真ん中のシマは「氏神」「氏子組織」「鎮守」「天神さま」という四枚のこざねから成り立っている。共同体の祭神が氏神であり、信徒団体が氏子組織である。鎮守は機能にかかわることであり、氏神への信仰は共同体の守護が根本にある、というのが「鎮守」に込められた主張だったのだろうか。最後の「天神さま」はいささか唐突だが、『梅棹忠夫の京都案内』にでてくる「天神」は北野天満宮のことであり、西陣に住んでいた梅棹家の氏神はやすらい祭で有名な今宮神社だったが、「天神さま」も同時にもっとも身近な神社だった。

右のシマは六枚のこざねから成り、「ふるさと感覚」「寺と季節との結びつき」「神社」「祭」「魔女」「村八分」とつづく。

Ⅱのシマ①

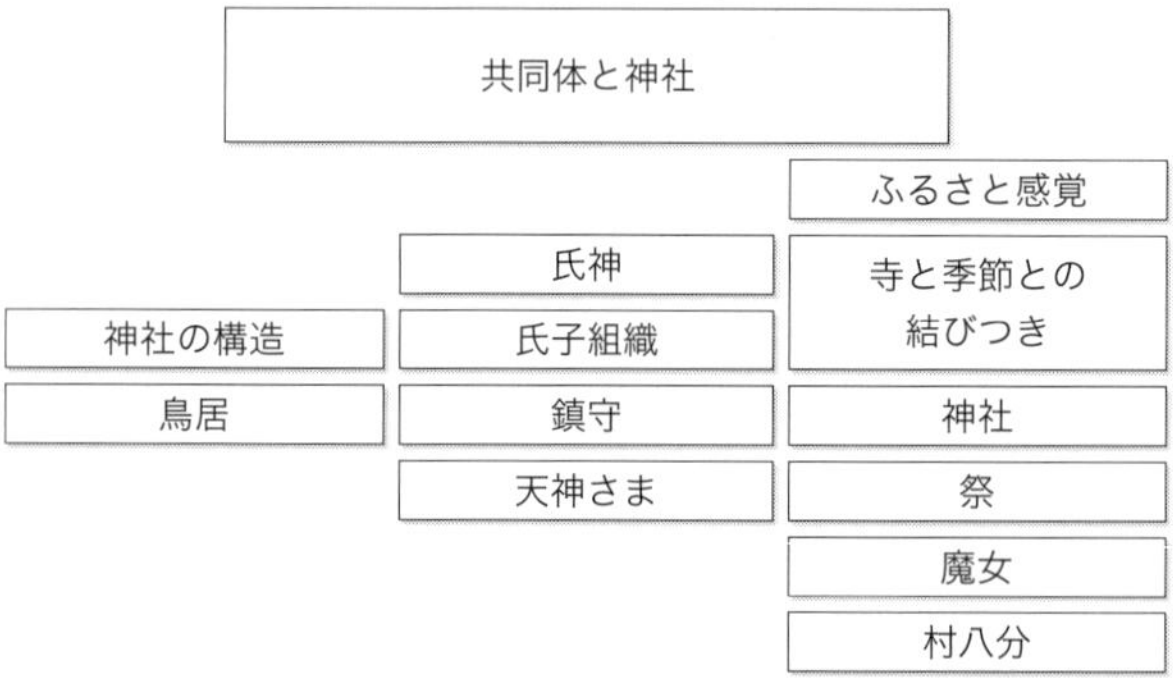

まず、氏神の社が郷土への帰属意識をつなぎとめることは容易に理解できる。しかし、季節との結びつきがなぜ寺でなくてはならないのか、理解に苦しむ。次に「神社」と「祭」のこざねがあるので、その導入として寺をもってきたのだろうか。たしかに彼岸の行事は春分・秋分にあたり、お盆も夏の季節と結びついてはいるが、花祭りは仏陀の誕生日だし、涅槃会も釈迦の命日であって、季節とは無縁である。たほう、「祭」の紹介としては葵祭、祇園祭、時代祭という京都三大祭をはじめ、事例には事欠かない。おもしろいのは「魔女」と「村八分」の二枚のこざねである。いずれも共同体における排除の論理にもとづくもので、西洋と日本の近世(early modern)にそれぞれあらわれた平行現象である。共同体について逆説的に、しかも比較文明論的に論じたかったのかもしれない。

大きなシマの第二は伊勢と出雲にかかわる二つの小さなシマである。その第一は「講中」「伊勢まいり」「御師」「出雲大社信仰」の四枚である。講中は共同体のなかに発生するが、氏子や檀家とは異なり、地縁血縁ではなく任意で結成される。観音講、愛宕講、富士講など枚挙にいとまがなく、伊勢講はその代表的なものである。約六〇年周期でおこった「おかげまいり」や幕末の「ええじゃないか」は勝手連とでも言うべき伊勢講の大規模な狂乱現象を指している。しかし、通常の「伊勢まいり」は御師《おんし》とよばれた案

Ⅱのシマ②

内業者、今でいうなら旅館業と旅行業を兼務した宗教エージェントを媒介とする参詣である。たほう、出雲大社には全国の神々が会議のために押しかける「神有月《かみありづき》」があった。旧暦の一〇月のことであるが、ほかの地域では神が不在となるので「神無月《かんなづき》」と称している。出雲大社信仰に関しては、『中央公論』の「日本探検」シリーズのなかですでに論究済みである。そこでは国造家の千家《せんげ》家と北島家の存在、あるいは出雲大社における神前結婚のいわれなど、鋭敏なルポルタージュが開陳されている。シマの第二は、「神話」と「出雲神話」である。「神話」はおそらく古事記と日本書紀を意味し、アマテラスなど伊勢中心の物語だけでなく、スサノオや大国主命などの「出雲神話」も対比して論じようとしていたにちがいない。

大きなシマの三番目は、折口学や柳田学のこざねがあり、固有信仰にかかわる領域といえる。小さなシマは五つあるが、折口学からはじめたい。「折口学」「国学院」「国学」とならぶ三つのこざねは、折口信夫《おりくちしのぶ》国学院大学教授の展開した伝統ある国学の系譜をひいた学問を指している。そこでは本居宣長《もとおりのりなが》以来の国学の伝統が明らかにしようとした固有信仰のことを論じるはずであった。

たほう、「ハレとケ」「けじめ」「柳田学」のほうのシマでは、「日本民俗学の父」と称される柳《やなぎ》田国男《たくにお》がこだわった固有信仰の心髄を「ハレとケ」という聖俗論と「けじめ」という区分論をもちいて解明しようとしていた。ただし、「ハレとケ」が柳田民俗学の鍵概念であることは理解できるが、問題はなぜ「けじめ」が取り上げられたかである。というのも、「定本柳田國男集」（筑摩書房）の索引には「けじめ」という項目すらないからである。「日本民俗文化大系」（小学館）の総索引にも「けじめ」は見当たらない。『日本民俗大辞典』（吉川弘文館）の項目にも採用されていない。ひ

よっとして「ケガレ＝気枯れ」かとも思うが、確かなことはわからない。

　折口学と柳田学のあいだにはさまったシマには「みそぎ」「潔斎《けっさい》」「入浴」「おはらい」という四つのこざねが貼ってある。こちらのほうがむしろケガレに関係が深い。もしケガレをこざねに記して入れるとしたら柳田学のほうではなく、こちらである。

　さて、「みそぎ」は祭りや神事の前に川や海で身を洗い清めることである。イザナキが黄泉国《よみのくに》から帰還する際、罪けがれをはらったのがみそぎの起源とされる。潔斎は沐浴だけでなく、酒や肉を断つことが加わる。「入浴」のところでは、日本人の風呂好きには古来のみそぎ感覚があると論じたかったのかもしれない。「おはらい」は罪けがれを払拭する儀礼行為であるが、自動車にまでおはらいをし、交通安全を祈願する現代人気質がじつは固有信仰に根ざしていることを指摘したかったのかもしれない。

　その下のシマには「精霊信仰」からはじまり、「霊魂」「大木キリタオシ」「アニミズム」「汎神論的世界観」とつ

Ⅱのシマ③

	みそぎ	
	潔斎	
	入浴	ハレとケ
折口学	おはらい	けじめ
国学院		柳田学
国学	精霊信仰	
	霊魂	万博地鎮祭
	大木キリタオシ	地鎮祭
	アニミズム	竣工式
	汎神論的世界観	大企業の屋上の神社

づく五枚のこざねが並んでいる。一神教（monotheism）や多神教（polytheism）とちがい、万物に精霊や霊魂が宿るというアニミズム（E・B・タイラー）、あるいは汎神論（pantheism）的世界観が日本の固有信仰に通底していることを指摘しようとした部分である。「大木キリタオシ」というのは諏訪で七年目ごとにおこなわれる御柱《おんばしら》の神事を想定したものであろう。

この大きなシマの右下には「万博地鎮祭」「地鎮祭」「竣工式」「大企業の屋上の神社」と並んだこざねがある。古代のアニミズムが日本では現代にも生き生きと引き継がれていることを強調したかったのであろう。梅棹は一九七〇年の大阪万博に陰に陽にかかわったが、「人類の進歩と調和」をうたう現代の祭典においてさえ、大地の精霊を鎮め、事故の起きないよう祈願する地鎮祭が執行されることの不思議さを指摘しようとしたと思われる。一般の家の新築でも地鎮祭、棟上げ式がそれこそ「けじめ」としておこなわれる。さらに合理的経営をしているはずの大企業においてすら、屋上に神社を建てている。アニミズム健在というわけである。ちなみに拙著『会社のカミ・ホトケ―経営と宗教の人類学』（講談社、二〇〇六年）ではビルの屋上の小祠から説き起こし、会社神社、会社供養塔、入社式、社葬、企業博物館など会社の宗教施設や儀礼行事を俎上に乗せている。はからずも孫悟空のように、梅棹の掌で踊っていたのかもしれない。

最後に、二つの厄介なシマが残っている。ひとつは左端の「神道」「万葉的世界観」「生活と神事」というこざね三枚であり、もうひとつは右端の丸で囲んだ「神道の国家的編成」という模造紙への直接の書付けである。前者で梅棹は何を言おうとしていたのだろうか。神道は万葉的世界観のうえに形成され、今日の生活と神事に引き継がれている、と主張したかったのだろうか。とするな

ら、万葉的世界観とは何か。古事記や日本書紀ではなく、あえて万葉集をだす意味とは何か。その鍵を求めて「梅棹忠夫著作集」全巻にあたってみたが、万葉集への言及は無きにひとしい。万葉集の研究は数知れないが、誰かの研究に注目したのだろうか。一般論から言えば、恋歌ではなさそうだし、もっとも可能性の高いのは季節を詠んだものである。そこにアニミズムに通じる感覚を読み解こうとしたのだろうか。

もうひとつの「神道の国家的編成」はイントロ部分（Iのシマ①）にある「戦前と戦後でどう変ったか」というこざねに対応すると考えられる。いわゆる国家神道を明治以来の「神道の国家的編成」として論述する必要を感じ、付け加えたものと思われる。しかし、こざねをさらにつくる作業は後日にゆだねられた。そして、その機会は永遠に失われてしまったのである。

Ⅲ. 日本における仏教の導入と展開

ここには二〇のシマがある。こざねの総数は九一にのぼる。模造紙に整然と貼り付けられているが、シマをいかなる順序で記述しようとしたのか、確証はない。とはいえ、標題にあたると思われるこざねが何枚かあり、セロテープの貼りかたからある程度のまとまりを推測できる。配列から想像するに、左から右の順であることはまちがいない。さらに、上下の位置取りから読み解くところの推理も働く。そこで便宜的にシマにナンバーをふり、その順に解読することにしたい。

① 寺院建築

こざねは九枚あるが、「寺院建築」が最上段と最下段にあり、前者が標題であることは論をまたない。仏教をとりあげるに際し、思想や歴史ではなく、まず目に見える建造物としての寺院をもってきたところが、いかにも梅棹らしい。こざねは「仁王」からはじまり、「結界」「庫裡」「境内」「庭園」「寺の構造」「山門」「寺院建築」と続く。

Ⅲのシマ①

- 寺院建築
- 仁王
- 結界
- 庫裡
- 境内
- 庭園
- 寺の構造
- 山門
- 寺院建築

「Ⅱ．日本の固有信仰と神道」において「神社の構造」と「鳥居」という二つのこざねよりなるシマがあったが、「仁王」はまさに「鳥居」に対比され、「結界」のシンボルとして論じられたにちがいない。

しかし、「仁王」「結界」のあとに「庫裡」がくるのは意表をついている。ふつうなら本堂がきてしかるべきだからである。三重塔などの仏塔も無視されている。本堂や仏塔というこざねはどこにもない。察するに、「結界」のあとに「庫裡」がくるのは聖と俗を意識したからかもしれない。結界された聖空間にも俗なるいとなみが存在することを指摘したかったのだろうか。なぜなら庫裡は「寺院の台所。転じて、住職や家族の居間」(『広辞苑』)とあり、食生活をはじめとする生きた人間の生活を支える空間だからである。

「境内」と「庭園」は寺院の空間構造にかかわっている。神社は境内自体が自然の社叢にすっぽり覆われた空間であるのに対し、寺院には森がない。むしろ、庭園を造成し、自然のミクロコスモ

スを境内につくりだすところに特徴がある。「寺の構造」で述べたかったのも、その延長線上にあり、伽藍の配置にあったのではないか。「Ⅱ．日本の固有信仰と神道」の「神社の構造」に対置させる意図があったと思われる。

次は「山門」である。なぜ、ことさら「山門」にこだわったのか。やはり結界の意識が強くはたらいていたのだろうか。あるいは禅寺の山門脇にある「葷酒《くんしゅ》山門に入《い》るを許さず」という戒壇石を想起したのであろうか。葷酒とは臭気の強いネギ・ニラなどの野菜と酒を指し、禅修行の場では忌まれる飲食物である。

そして最後に標題と同じ「寺院建築」がくる。ここでようやく本堂や仏塔が登場する手はずだったにちがいない。そこでは建築様式について神社との比較がなされたかもしれないし、インドから中国、朝鮮半島を経由して伝来した寺院建築に言及するつもりだったのかもしれない。伊勢神宮の『皇大神宮儀式帳』は仏教寺院を指す忌み言葉として「瓦葺き」をあげている。瓦は中国に起源し、百済から渡来した瓦博士によって仏教寺院を建立する際にはじめて焼成され、屋根瓦に使われた。行基がつくった「土塔」とよばれる仏塔もまた奉納者の名前を刻んだ人名瓦を土で固めたものである。瓦は寺院の屋根にも塔にも使用されていたのである。それはともかく、ここではⅡの「神社の構造」をふまえて「寺院建築」論をすすめたにちがいない。

②と③

②には「仏像群構成」と「仏教の宇宙観」という二枚のこざねがあるだけである。しかし、①を

引き継ぎ、③につながるシマであることはまちがいない。「仏像群構成」は「寺院建築」のところで外観を説明した後、内部の構造をとりあげるつもりだったと推測される。それが自然の流れでもある。仏像群は本尊を中心に、まわりに諸仏が配される構成をとるからである。マンダラ（曼荼羅）における仏像の配置とその宇宙観はその典型であろう。ただし、梅棹は密教に通じているわけでもなく、モンゴルでチベット仏教の寺院を調査してきたわけでもない。京都の馴染みの寺を思い浮かべて執筆するつもりだったのだろうか。

③の「無常感」「運命論」「因果応報」も仏教学者や宗教学者の説を紹介する以上には出なかったにちがいない。ただし、「因縁」と「縁起」については庶民の仏教受容に関する興味深い解釈がおこなわれた可能性はある。「縁」をキーワードに仏教の浸透をユーザーの立場から論述したかもしれないからである。梅棹が何人かにおこなったインタビューがここで活かされたかもしれない。

Ⅲのシマ②と③

- 仏像群構成
- 仏教の宇宙観

- 無常感
- 運命論
- 因果応報
- 因縁
- 縁起

④

左側に「僧の生活」「女犯」「破戒僧」「戒」のこざねがならび、右側に

Ⅲのシマ④

- 尼
- 僧侶
- 律宗

- 僧の生活
- 女犯
- 破戒僧
- 戒

「尼」「僧侶」「律宗」が配される。全体として戒律を重んずる仏教と、その戒律を破る僧尼のことが扱われる。まさに僧（院）の生活の表と裏である。ここでは仏教におけるジェンダーとセックスが論じられるはずであった。これは誰もが梅棹の見解を一度は聞いてみたい（読んでみたい）テーマとなったにちがいない。惜しみて余りあるシマではある。

⑤ 日本仏教化の問題

ここの標題は「日本仏教化の問題」である。こざねには五つの項目が書かれている。すなわち、「本地垂迹」「神仏分離」「神本仏迹」「神仏習合」「廃仏毀釈」である。仏教が日本に定着する過程で神仏習合がすすんだが、逆に神仏分離の意識も根強かった。神仏習合と神仏分離は時代によってあらわれかたが異なった。宗教民俗学の高取正男の名著『神道の成立』（平凡社、一九七九年）は古代における神仏隔離の意識を中心テーマとするものであったが、梅棹が『日本人の宗教』を構想していた時期からは一〇年以上も先のことであった。梅棹はごく常識的に日本宗教史における神仏習合の過程を本地垂迹や神本仏迹（逆本地垂迹）の対比で読み解こうとし、明治初期の神仏分離・廃仏毀釈の政策を論じようとしたのではなかろうか。こざねから梅棹らしい発想は読み取れないし、こざねの配列にも妙味はない。

Ⅲのシマ⑤

- 日本仏教化の問題
- 本地垂迹
- 神仏分離
- 神本仏迹
- 神仏習合
- 廃仏毀釈

⑥

このシマには「フダラク渡海」「ミイラ　即身仏」「焼身自殺」「捨身《しゃしん》飼虎《しこ》」という四つのこざねが入っている。これらは仏教思想と仏教実践の極端な事例とみることができる。補陀落《ふだらく》渡海とは南海上にあるという、観音菩薩の住む山であるところの「補陀落を目指して小舟で単身海を渡ろうとすること」（『広辞苑』）であり、中世の時代、熊野灘や足摺岬でこころみられたことで知られている。即身仏としてのミイラは出羽三山がもっとも有名であり、木食の行をつみかさね、生きながらにして土中に入定し、三年三ヵ月後に弟子や信者の手により掘り出されたミイラ＝即身仏のことを指している。代受苦（代わりに苦を引き受ける）の思想をともない、庶民的な信仰を集めるミイラのことである。次の「焼身自殺」のほうはおそらく一九六三年に南ベトナムにおいてゴ・ディン・ジェム政権による仏教弾圧に抗議して焼身自殺した僧侶ティック・クアン・ドックのことが念頭にあったはずである。最後の「捨身飼虎」とは「飢えた虎に自分の体を投げ出して与えたという、釈迦の前生譚」（『広辞苑』）である。仏教にも、過激な思想にもとづく捨て身の実践があることを梅棹は示したかったのかもしれない。

Ⅲのシマ⑥

フダラク渡海
ミイラ 即身仏
焼身自殺
捨身飼虎

⑦と⑧

⑦には「ダルマの思想」と「羅漢」という二つのこざねがあり、⑧には「鑑真」とのみ記した単独のこざねがある。達磨は中国で禅宗を開いたインド人僧侶のことである。したがって、「ダルマ

の思想」とは禅の思想にほかならない。他方、「羅漢」とは阿羅漢と同義であり、仏教修行の最高位に達した者のことを意味している。禅と羅漢の関係は修行者ということになろうか。他方、鑑真は日本に戒律を伝えようとして何度も渡航をこころみ、暴風や失明などの苦難の末、七五三年、ようやく悲願を達成した唐の僧である。その結果、東大寺には戒壇院がつくられ、さらに唐招提寺が戒律の道場として建立された。④のシマにある「律宗」の開祖でもある。しかし、名だたる名僧のなかで鑑真と達磨を選択した理由はよくわからない。しいて共通点をあげるとすれば、自国を離れ他国に宣教に出かけたボーダレスな僧侶ということになる。鑑真は律を、達磨は禅を国を越えて普及させるのに主導的な役割を果たしたからである。

Ⅲのシマ⑦と⑧

ダルマの思想
羅漢
鑑真

⑨と⑩

⑨のシマには「神道以前の固有信仰」「シャーマニズム」「ミコ」という三枚のこざねが貼り付けられている。⑩のシマには「恐山」と「巫女」の二枚がある。二つのシマを一緒にとりあげるのは「ミコ」と「巫女」が共通するからであり、そのちがいにも着目する必要があるからである。

「神道以前の固有信仰」というこざねには当時の日本民俗学

Ⅲのシマ⑨と⑩

神道以前の固有信仰
シャーマニズム
ミコ
恐山
巫女

の影を読み取ることができる。柳田国男《やなぎたくにお》や折口信夫《おりくちしのぶ》が求めてやまなかったのが仏教以前、あるいは神道以前の固有信仰だったからである。その後継者たちもまた固有信仰にこだわり続けた。たとえばシャーマンとしての卑弥呼は仏教以前、神道以前の人物である。シャーマニズムの研究には堀一郎や桜井徳太郎が深くかかわっていたし、シャーマンとしてのミコの調査も日本各地で精力的におこなわれていた。下北半島の恐山《おそれざん》におけるイタコの研究も進展をみせていた。しかし、沖縄におけるユタの研究が本格化するのは一九七二年の本土復帰の後なので、まだ梅棹の視野には入っていなかった。

注目すべきは「ミコ」と「巫女」の区別である。「シャーマニズム」の後に「ミコ」を置き、「恐山」につづけて「巫女」としている点である。巫女は「ふじょ」と読んでもいいし、ミコと訓じてもかまわない。つまり、カタカナと漢字を使い分けていることに梅棹の意図が感じられるのである。人類学や宗教学でつかわれるシャーマニズムという一般的な概念のなかに日本のミコが位置づけられ、恐山のように仏教化した伝統のなかでは巫女という漢字があてられている。言い換えると、固有信仰のなかではカタカナのミコがふさわしく、外来宗教の影響下では漢字の巫女が適切であるという判断を梅棹はくだしていたのではないか。

後に梅棹の畏友のひとりでもある岩田慶治は『カミと神―アニミズム宇宙の旅』（講談社学術文庫、一九八九年）という書を出版する。すでに刊行した論考やエッセイをまとめたものであるが、そのなかでカミと神を区別して次のように述べている。

カミには名前がない。教義をもっていない。それは出会いがしらに突然あらわれる。…一方、神には名前がある。…教義があり、教典をもっている。神は歴史的に、人間の文化になじんだ存在である。（九四頁）

梅棹はミコと巫女を対比させて、岩田のカミと神の議論を先取りしていた可能性がある。もちろん、わたしの深読みかもしれない。ただ、梅棹と岩田は意外と近い立ち位置にいたのかもしれないと思わせる、意味深長なこざねの表記と配置ではある。

⑪

このシマには三枚のこざねがある。「千里眼」「奇蹟」「霊験《れいげん》」とあり、超自然的な能力やパワーに関連している。「千里眼」は梅棹が中心となって創刊された同人誌のタイトルにもなっているが、辞典をひくと「遠隔の地の出来事を直感的に感知する神秘的な能力、また、それを持つ人」（『広辞苑』）とある。同人誌『千里眼』はそれに加え「未来の出来事を直感的に感知する能力」もねらっているのではないか。なぜなら梅棹はまさしく予言者として、その能力を遺憾なく発揮したからである。東谷暁『予言者　梅棹忠夫』（文春新書、二〇一六年）はその方面のことがらを扱っている。

「奇蹟」はキリスト教、「霊験」は仏教的な概念であり、どちらも超自然的な力によって引き起こされたと考えられる事象である。『日本霊異記』をはじめ

Ⅲのシマ⑪

千里眼

奇蹟

霊験

多くの霊験記が説話集のかたちで残されているが、世界の諸民族のあいだにも似たような現象は多々あり、梅棹が何をとりあげたかったか、知りたいところではある。

⑫

このシマは左右に分かれ、左側に「寄進」「遊行《ゆぎょう》僧」「行者」が並び、右側に「修験道」「山岳崇拝」「密教」が配されている。「遊行僧」と「行者」は遊行し修行する人物であり、「修験道」と「山岳崇拝」、また「密教」も教義・宗派にかかわる項目で、それなりに共通性がある。しかし、「寄進」だけは浮いた感じがする。その違和感は、しかしながら、超自然的な霊能力のシマである⑪の後に置かれていることで解消する。というのも、「遊行僧」にしろ「行者」にしろ、霊能力や説法が売り物であり、信者の「寄進」によって生計を立てているからである。

Ⅲのシマ⑫

寄進	修験道
遊行僧	山岳崇拝
行者	密教

遊行僧とは諸国を行脚《あんぎゃ》し、霊験譚を含む説法で信者を惹きつけた僧侶である。鎌倉時代の中期、遊行上人とよばれた一遍は踊念仏《おどりねんぶつ》を流布させ、時宗の開祖となった。太鼓や鉦《かね》を打ち鳴らす所作《しょさ》に特徴があり、ルーツは空也にさかのぼる。勧進聖《かんじんひじり》とよばれた下級宗教者たちも各地を行脚して浄財や遺骨・遺髪を集めることを生活の糧《かて》としていた。いわゆる「行者」にも念仏から密教にいたるまで、さまざまな宗派や流儀の修行者が含まれるが、修験道の行者がその典型であった。修験道は役行者《えんのぎょうじゃ》がひらいたとされる日本独特

の神仏習合の宗派である。その最大の特徴は山岳崇拝にもとづく山岳修行であり、それを通して獲得した験力を信者の救済に振り向けることである。空海によって将来された密教もまた護摩などの秘儀によって習得した法力を加持祈禱に活かすことが期待されていた。

修験道にしろ密教にしろ、験力や加持祈禱に象徴される超自然的・神秘的なパワーが発揮され、それに期待し感謝する信徒の寄進や浄財によって行者の生活は支えられていたのである。

⑬

これは「中国思想」と「道教の影響」という二つの系列から成り立つシマである。「中国思想」には「日曜日」「安産」「方位・方角」「まじない」「呪法」「魔除け」が並び、「道教の影響」のほうには「怨霊」「たたり」「忌み」「大安仏滅　サンリンボー」「七福神」「陰陽師」のこざねが配されている。配列を見るかぎり二つの系列に明確な区別はないようである。というのも「日曜日」が「中国思想」に属し、「大安仏滅」が「道教の影響」であるとする明快な線引きはないように思われるからである。また「魔除け」が「中国思想」で「たたり」が「道教の影響」というのも腑に落

Ⅲのシマ⑬

中国思想	道教の影響
日曜日	怨霊
安産	たたり
方位・方角	忌み
まじない	大安仏滅 サンリンボー
呪法	七福神
魔除け	陰陽師

ちない。かといって、左右のこざねが呼応しているかというと、「日曜日」と「怨霊」も「安産」と「たたり」もおよそ対応関係にはない。とすれば、ここは「中国思想」や「道教の影響」が見いだせる一二のこざねが集められたと解するのが適切ではないかと考える。そのような見地から、以下の紹介をこころみたい。

「日曜日」がなぜ「中国思想」の次にくるこざねなのか。そもそも中国の暦法は月の満ち欠けにもとづく太陰暦と二十四節気のような太陽暦を組み合わせた太陰太陽暦である。一〇日単位の旬はあれども七日周期の週は辛亥革命以降の西暦の導入にはじまる。ただし、ひとつの例外は占いに関する『宿曜経《すくようきょう》』の存在である。日本には空海によってもたらされた七曜のことが『宿曜経』には説かれている。その七曜とは日月五星を意味し、誕生時のホロスコープにかかわる占星術に使われていた。『宿曜経』はインドの占星術を取り込んだ中国仏典であるが、日曜日は密日とよばれ、空海は帰国した年の両三年の日曜日を写本に記している。つまり、密教の占星術として「日曜日」は空海によって中国から請来されたわけだが、梅棹はそこを起点に日本人の宗教生活に影響をあたえた外来思想のことを論じたかったのかもしれない。そこでの「外来」には中国経由の仏教思想やインド占星術が含まれていたと考えることができる。

　このような推測を裏づける文章、より正確には共同討議のまとめがある。それは「合理化の時代」との表題をもち、『著作集』第七巻『日本研究』に収録されている（三四四―三四六頁）。討議は一九七〇年に梅棹忠夫、林屋辰三郎、山崎正和の三人をレギュラー・メンバーとし、ひとりのゲストを加えて月一回開催され、共同通信社から全国に配信された。「合理化の時代」という共同討議

では「怨霊」や「たたり」、「陰陽道」や「道教」、道教対仏教の「まじない合戦」など、いかにも非合理的なキーワードが飛び交っている。「結婚、葬式の日どりにおける大安・友引・仏滅、また鬼門・恵方《えほう》などの方位の問題、丙午《ひのえうま》などの干支《えと》と運勢など、みんな陰陽道の現代的残存である」という指摘もある。「合理化の時代」は⑬のシマと重なるキーワードが多いだけでなく、『日本人の宗教』と時期的にも相前後している。⑬のシマで梅棹が指摘したかったことの大筋はこの新聞記事に網羅されていると言っても過言ではない。

しかし、漏れている項目もある。「安産」や「魔除け」、「サンリンボー」や「七福神」である。出産は「女の大役」ともよばれ、地方によっては産小屋に忌みごもり、お守りを身につけ、リスクを回避しようとした。そこには民俗知にもとづく慣習に加え、外来の知識や技術が介在する余地があったとみることができる。他方、「サンリンボー」とは三隣亡のことで、大安・仏滅のついでに登場した感もあるが、屋作りに凶となっていて、上棟式をおこなわないなど、建築関係では強く忌まれている日である。梅棹の先祖が大工であることを考え合わせると、納得がいく選定でもある。ちなみに、大安・仏滅などの六曜も、三隣亡という暦注もたしかに中国の影響をうけてはいるが、明治の改暦以降に、迷信撲滅のリアクションとして広まったことは指摘しておきたい。

最後に、「七福神」は中国やインドの神さまばかりで、日本固有の神さまは恵比寿だけであるといわれている。とくに道教の影響下では福禄寿と寿老人があげられる。

⑭

ここには「日蓮宗」と「辻説法」という二枚のこざねがあるだけである。日蓮は安房国の出身で、比叡山に学び、鎌倉で辻説法をおこない、「立正安国論」を幕府に提出し、数々の弾圧や佐渡への島流しにあいながらも法華経の優位性を説いた僧侶として知られている。離れ小島のようなシマがなぜここにおかれたかはさだかではないが、⑯の「五山文学」が鎌倉と京都の禅寺に展開した運動であることと対比できるとふんだかもしれないし、⑲の「聖教新聞」が日蓮系の創価学会の日刊紙であることの布石を打とうとしたのかもしれない。

⑮

「ガキ」「地獄　ゴクラク」「天国」「六道《ろくどう》」という四枚のこざねがならぶシマである。「六道」とは仏教の輪廻思想において衆生が生死を繰り返しておもむく地獄、餓鬼、畜生、修羅、人間、天上という六つの世界をさしている。「ガキ」が餓鬼であり、「ゴクラク」が極楽であることは言うまでもない。浄土教の世界では地獄と極楽が対比され、もろもろの楽しみに満ちた阿弥陀仏の住む極楽へのいざないが強調された。ただし、「天国」はキリスト教の観念が強く、仏教的な極楽とは区別して論じたかったにちがいない。

⑯

ここのシマにも「五山文学」と「宗教文学」という二枚のこざねがあるにすぎない。仏教系の文

学について一般論としては「宗教文学」で、個別論としては「五山文学」で論じたかったのかもしれない。そして⑯が⑰の序説の役割りを果たし、庶民的仏教受容の諸相に展開したかったことはあきらかである。

⑰　ここには「仏教説話」「今昔物語」「本生譚《ほんしょうたん》の日本的展開」という三枚のこざねがある。日本の代表的な仏教説話には『日本霊《りょう》異《い》記《き》』（景戒著）、『今昔物語』（作者未詳）、『発心集』（鴨長明編）、『沙石集』（無住一円著）がある。奇跡や逸話が因果応報の理をもって語られるところに特徴がある。インドではジャータカとよばれる本生譚もそのひとつだが、六道の輪廻思想を釈迦にあてはめたもので、日本では今昔物語などに類話が引き継がれている。⑰のシマが⑱のシマの導入となっていることはまずまちがいない。

⑱　このシマには「観音信仰」「ミロク」「禅」「輪廻」「転生」「救済」それに「精進料理」のこざねがある。観世音菩薩（観音）は衆生を観察し自在に救済する菩薩という意味で観自在菩薩とも称される。千手観音や十一面観音が有名であるが、六観音といえば六道を支配し、輪廻転生をくりかえして苦悩する人間を救済する菩薩とされている。観音に並んで弥勒菩薩の項を立てているのは、来世を救済する仏としての役割りに注目したからであろう。なかんずく『日本探検』（「著作集」第七

巻『日本研究』所収）でとりあげた「大本教」において、出口王《お》仁三郎《にさぶろう》がみずから弥勒であることを自覚し、世直しによって到来する理想世界を「みろくの世」と称したことも念頭にあったにちがいない。大本の「みろくの世」については、その実現は神わざであり、人類はその神わざに奉仕しなければならぬ、と信仰の立場を紹介している（七〇頁）。

最後に、「精進料理」がとってつけたように貼られている。「輪廻」「転生」の右側だが、「禅」の右下と解すれば、無関係とはいえない面もある。しかし、禅の精進料理がどのような救済につながるのだろうか。禅における救済は自力本願であり、その自己管理の一端が粗食で肉断ちの精進料理に通じることは理解できるとしても、あえて「精進料理」を加えた真意はよくわからない。

⑲

ここには五枚のこざねがあり、「Propaganda 布教」「宗教放送」「聖教新聞」「新聞経営上の問題」「マスコミと宗教」の順で並んでいる。要するに、宗教の布教とメディアとの関連がと

Ⅲのシマ⑱

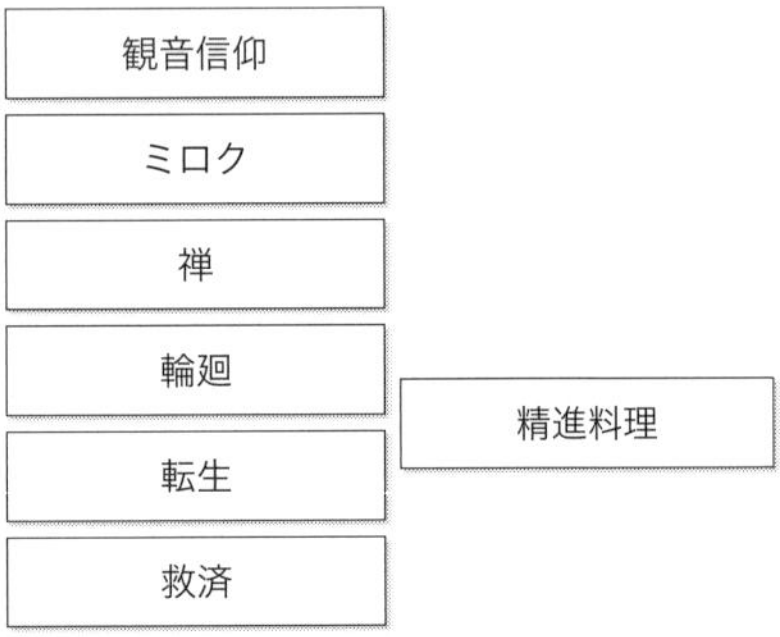

Ⅲのシマ⑲

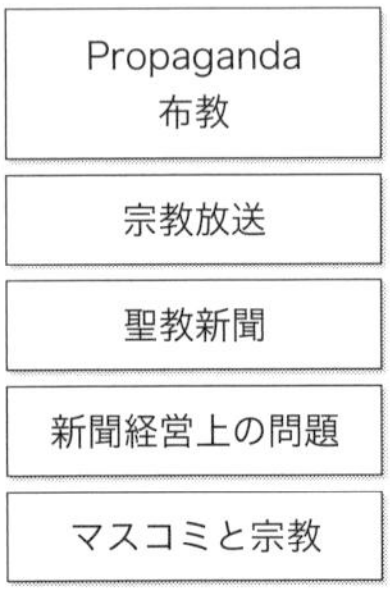

りあげられている。プロパガンダとは共産主義思想の宣伝をさし、宗教の布教と並べている。両者に共通するエクスパンショニズムについてまずは指摘しておきたかったのであろうか（「日本人の宗教生活」「著作集」第七巻『日本研究』、四四六頁）。戦後、「宗教放送」に熱心だったのはキリスト教であり、仏教は立ち遅れていた。他方、新宗教の創価学会は一般信徒向けの日刊紙『聖教新聞』を一九五一年に創刊し、一九六五年に日刊化していた。「新聞経営上の問題」における新聞が聖教新聞を指すのか、他紙も含めてのことであるのか、また経営上の問題とは何を意味するのか、目下、ほとんど手がかりはない。ただし、一般論として、新聞の経営は広告収入に大きく依存するので、広告スポンサーとしての教団と新聞社との関係について言及したかったのかもしれない。「マスコミと宗教」についても梅棹の論評をわたしは知らない。ただ、一九七〇年当時、創価学会と公明党の関係が政教分離の原則に抵触するとの見方があり、いわゆる言論・出版問題がおこり、創価学会と公明党はマスコミから集中砲火を浴びていた。また、マスコミを利用する布教には一定の倫理基準が介在していたので、そのようなことが立項のきっかけとなっていたのだろうか。

⑳

Ⅲの最後のシマは芸能や芸術にかかわる分野であり、「ナニワブシ」「浄るり」「絵巻の世界」という三枚のこざねがつくられている。浪花節は浪曲とも言い、三味線の伴奏で独演する語り物であり、説経祭文から転化し、江戸末期に大坂から始まり、盛んになったのは明治以降である（『広辞苑』からの抜粋）。説経節をルーツとしているので仏教の流れをくむ大衆芸能といえる。浄瑠璃もまた

「三味線伴奏の語り物音楽の一つ」（『広辞苑』）であり、「人形芝居と、後には歌舞伎とも結合して庶民的娯楽として大いに流行する」（『広辞苑』）とある。そしてその名称は薬師如来の住む浄瑠璃浄土にあるのだから、仏教の日本的展開と言うことができる。他方、「絵巻の世界」には仏教思想をベースにした「信貴山《しぎさん》縁起絵巻」や「一遍上人絵伝」などの傑作品が目白押しである。⑰の仏教説話等と隣り合わせになっているから⑳の芸能や芸術は⑱や⑲に先行して論述されたかもしれない。時代的に言っても、現代の「マスコミと宗教」でⅢ全体を終わらせるほうが落ち着きがよい。

こざねの束から推理するⅣⅤ

梅棹忠夫が構想した『日本人の宗教』のⅣには「近代における日本の宗教」というタイトルが付き、一〇のシマとするべくクリップでまとめられたこざねの束が残っている。番号や矢印は重ねられた順にしたがって、梅棹資料室で便宜的に付けたものである。ただし、こざねはまだ模造紙に固定される前段階なので、並べ替えの余地があったものと思われる。したがって、以下の記述も矢印の順に拘束されることなく、大まかなくくりでまとめてみたい。

Ⅳ．近代における日本の宗教

①

(1) 安芸門徒 → 宗教戦争 → 一向一揆 → 真宗 → 日本の宗教改革

(2) 光悦村 → 光悦 → 法華信者の系譜 → 法華一揆

(3) 布施 → 檀信徒の問題 → 寺院諸法度 → 江戸期の宗教行政 → すねもの → 隠者 → コム僧

(4) 法皇 → 門跡 → 尼門跡

(5) エタ・非人 → 本末問題 → 本寺末寺 → 宗門改め → 戸籍

安芸門徒 → 宗教戦争 → 一向一揆 → 真宗 → 日本の宗教改革

(1)の安芸門徒と一向一揆は浄土真宗にかかわり、本阿弥光悦と法華一揆は日蓮宗につらなる。日本史では中世末から近世にかけての時代であるが、梅棹はこれを近代とみなし、ヨーロッパの宗教改革と対応させて、日本の宗教改革について論じようとした。門徒とは真宗の信者のことを指し、安芸門徒とは安芸国に多いことによる命名だが、畿内、北陸や東海にも多数の門徒が存在する。門徒は農民層に基盤をもち、蓮如の布教によって畿内や北陸の名主層にも浸透し、信仰による結束を通じて荘園支配者や領主層と対抗した。一向宗とも称された真宗門徒による一揆は各地に勃発し、加賀国では一揆側が勝利をおさめ、長いあいだ「無主の国」「百姓のもちたる国」とよばれることになった。他方、一向宗は既成の宗教勢力とも対抗し、比叡山の衆徒が大谷本願寺を破壊したり、天文年間には京都で起こった法華一揆に対して、延暦寺衆徒による法華宗寺院の破却や山科本願寺の焼失といった騒乱が誘発されたりして、「宗教戦争」の様相も呈した。しかし、織田信長が比叡山の焼き討ちや石山本願寺攻めを強行するに及び、宗教勢力は武家勢力の軍門にくだることになる。梅棹は信長こそ日本の宗教改革者だとみなしていたので、この文脈でルターと信長の比較もなされたにちがいない。

光悦村 → 光悦 → 法華信者の系譜 → 法華一揆

(2)で取り上げられる本阿弥光悦は、自身が書や蒔絵、楽焼や茶道をたしなむ芸術家であると同時に、京都の鷹峯《たかがみね》に光悦村をつくったことでも知られている。そこには法華宗徒の職人や文化人が

多く移り住み、芸術や工芸の新しい展開がはかられた。梅棹は「新京都国民文化都市」の構想にあたって自らの役割を本阿弥光悦にたとえたことがあり、京都人として光悦への思い入れは人後に落ちないものがあった。さらに光悦は「わかいころからのわたしの人生における理想像であった」と述懐しているように、民博創設時に若い友人たちとともに京都から大阪に移ったことも光悦村になぞらえているふしがある（梅棹忠夫『行為と妄想―わたしの履歴書』中央公論新社、二〇〇二年、二〇七―二〇八頁）。

布施 → 檀信徒の問題 → 寺院諸法度 → 江戸期の宗教行政 → すねもの → 隠者 → コム僧

(3)では江戸期の宗教行政について論ずるにあたり、寺院諸法度や檀家寺請制度が整備されていくのにともない檀信徒と寺院の関係も布施を軸に安定的に推移したと考えていたにちがいない。しかし、その体制からはみでた宗教家たちへのまなざしもきちんと確保していた。「すねもの」とは世をすねた者の意で、隠者は世捨て人を意味するが、宗教家として誰を指すのか、さだかではない。他方、虚無僧《こむそう》は禅宗の一派である普化宗《ふけしゅう》の僧であり、尺八を吹く托鉢姿はよく知られている。

法皇 → 門跡 → 尼門跡

(4)の法皇《ほうおう》とは仏門に入った上皇を指し、門跡《もんぜき》とは皇族や公家が有力寺院の住職となった時に名のる位であり、そのような寺院自体を意味することもある。青蓮院《しょうれんいん》や知恩院、仁和寺《にんなじ》や東西本願寺などが有名である。尼《あま》門跡とは皇女や公家の息女が住持をつとめる寺院、ならびに尼住職自身のこ

とである。京都人でなければおそらく視野には入ってきにくい、格の高い隠れた宗教家群像であるが、いったい何を指摘したかったのであろうか。

エタ・非人 → 本末問題 → 本寺末寺 → 宗門改め → 戸籍

(5)では寺院の本末関係をとりあげようとしているが、これまた本寺を多数かかえる京都ならではの発想といえる。江戸幕府がキリシタン禁制を打ち出し、宗門改めを実施すると、寺院が戸籍を管理する役割をになわされた。身分制のきびしい時代の社会的差別と宗教とのかかわりを梅棹はどのように論じようとしたのであろうか。「梅棹忠夫著作集」などでも手がかりは見当たらない。

② キリシタン渡来 → ロドリゲス → 日本教会史、日本通信 → キリシタン追放 →
キリシタン弾圧 → キリシタン大名 → バテレン → キリシタン → 転宗

①の(5)で「宗門改め」が取り上げられた流れで、キリシタンの話題につなげようとした意図は明確である。「キリシタン渡来」はより正確にはザビエル渡来であり、キリスト教伝来である。一六世紀半ばからイエズス会によるキリスト教の布教がはじまり、南蛮交易の利を求めた大名のなかには改宗する者もあらわれた。九州の有力なキリシタン大名は少年四名の天正遣欧使節を派遣し、ローマ法王の謁見を得たが、帰国時には秀吉によりキリシタンはすでに禁制とされていた。イエズス会の宣教師は国外に追放され、フランシスコ会の宣教師や日本人信者など二六名も長崎で処刑された。キリシタン弾圧は江戸幕府にも引き継がれ、拷問に耐えかねて棄教する「ころびバテレン」（神

父の意）」がでる一方、仏教に転宗したあとも密かに信仰を続ける「かくれキリシタン」とよばれる人々を生み出した。なお、秀吉や家康の通訳として活躍したジョアン・ロドリゲスは未刊におわった『日本教会史』を著し、三〇〇年以上の時を隔てて『大航海時代叢書』上・下（岩波書店、一九六七年—一九七〇年）にその翻訳が収録された。「日本通信」とは『イエズス会士日本通信』上・下（雄松堂書店、一九六八年—一九六九年）のことである。いずれも梅棹が『日本人の宗教』を準備していた頃、日本語で刊行されたばかりのキリシタンに関する最新の文献であった。

③ 昭和初期のクリスチャン・敬礼の問題 → 現代キリスト教 → 信仰の自由、憲法上の

キリスト教にかかわるシマであるが、キリシタン禁制から一挙に昭和に飛んでいる。「昭和初期のクリスチャン・敬礼の問題」とあるのは「灯台社」を起こし、文書伝道でエホバの証人（ものみの塔）の信仰を布教していた明石順三のことを指しているのだろうか。というのも、かれは非戦や兵役拒否の立場から、御真影への礼拝および宮城への遥拝を拒否していたからである。明治期にさかのぼれば、内村鑑三不敬事件が想起される。教育勅語が発布された時、第一高等中学校の教員だった「無教会主義」クリスチャンの内村鑑三は教育勅語奉読式において最敬礼をしなかったかどで教職を追われた。梅棹はそうした事件を糸口に現代キリスト教の問題を論じようとしたのだろうか。戦後の日本国憲法で保障された信仰の自由についても、「日本探検」シリーズで大本教に対する戦時中の宗教弾圧に疑問をいだいていた梅棹であればこそ、その重要性を訴えたかったにちがいない。

④ 鉄眼版一切経 → 日本における経典の出版 → 大正新脩大蔵経 → 大正期の大出版運動 →
教行信証 → 正依の経典 → 聖典（各祖師の） → 宗教書 → 日本における宗教思想の展開

このシマは仏教の経典とその出版にかかわっている。「鉄眼版一切経」とは鉄眼道光《てつげんどうこう》という黄檗《おうばく》宗《しゅう》の僧が発願し編纂した大蔵経（一切経）のことを指す。一六一八部七三三四巻にのぼり、一六七八年に完成した。これは明の万暦版の復刻であるが、「大正新脩大蔵経」は高麗版を底本とし仏教学者三名が編纂した。大正から昭和初期にかけて刊行され、本蔵八五巻の収録数は三〇五三部一万一九七〇巻にのぼり、目録三巻、図像一二巻を加えると全一〇〇巻にもなる大出版運動だった。日本における大蔵経の将来は九八八年、東大寺の僧が宋からもたらしたものが最初であるが、国内の刊行物となると寛永時代の天海版（寛永寺版）が嚆矢である。他方、日本で独自の仏教思想もめばえ、祖師とよばれる宗派の開祖たちは多くの著作を世に問うている。親鸞の『教行信証』や道元の『正法眼蔵』はその代表作であろう。他方、浄土真宗で「正依の経典」とされるのは浄土三部経とよばれる仏説無量寿経（大経）、仏説観無量寿経（観経）、仏説阿弥陀経（小経）である。こざねの「宗教書」と「日本における宗教思想の展開」は具体的に何を取り上げるかによって論述がおおいに異なるが、仏教関係の宗教書としては次のシマとも関係する西田幾多郎の『善の研究』、あるいは友松円諦や花山信勝の諸著作が念頭にあったのだろうか。

⑤ 宗悦の民芸運動 → 西田哲学 → 社会福祉 → ザンゲ聴聞僧・教誡師 → 社会事業 →
花山信勝 → 明治文学の宗教性 → 真理運動・友松円諦 → 白樺派

「宗悦の民芸運動」とは言うまでもなく柳宗悦が中心となって展開した民芸運動のことである。大正末期から昭和初期にかけて、朝鮮半島の雑器に美を見いだした運動がきっかけとなり、日本全国に波及した。梅棹は民芸の推進者の一人である陶芸家の河井寛次郎とは、幼友達であるかれの子息を通じて親しく接していた。そして河井の木彫にアニミズムの息吹を感じ取っていた（「アニミズム的神像作家—河井寛次郎」「著作集」第一九巻『日本文化研究』所収）。また、柳宗悦に対しても国民芸術の立役者として「新国学」とも称される民俗学の柳田国男に比肩する人物として注目している（「新たな国民芸術の確立者」前掲書所収）。柳や河井の民芸運動は、仏教経典の大出版運動と呼応するかのように、おなじ時代の空気を吸っていた。その頃、宗教の方面では在家主義が台頭し、たとえば友松円諦をリーダーとする真理運動が宗派にとらわれない仏教復興をめざしており、一九五七年の全日本仏教会の設立につながっていった。友松は西洋哲学の影響をうけて仏教運動を展開したが、「西田哲学」で知られる西田幾多郎は禅仏教に裏打ちされた独自の境地をひらき、学生や知識人に大きな影響を与えた。文学のさまざまなジャンルでもキリスト教をはじめとする宗教が明治以降の近代化に寄り添って陰に陽に影響力を行使していた。武者小路実篤や志賀直哉など白樺派はその代表といえよう。このように宗教、哲学、文学、美術などの諸分野で日本の新たな思想運動が胎動したことに梅棹は目を向けていた。

　その一方で、梅棹は社会事業としての宗教の役割りにも注目していた。花山信勝は東京帝国大学

の仏教学の教授だったが、巣鴨拘置所の教誨師を務め、東条英機らA級戦犯の処刑に立ち会った。花山は異色の教誨師であったが、刑務所では懺悔聴聞僧、教誨師とよばれる宗教家が受刑者との接触をはかっている。特にキリスト教が熱心だが、それは欧米の伝統を引くものでもある。社会事業、社会福祉と称されるような活動もまたキリスト教社会主義者の賀川豊彦や救世軍の山室軍平などが率先して牽引した分野である。

⑥ 社格 → 官幣・国幣 → 神社行政 → 神祇官

このシマで梅棹は明治以降の神道国教化政策をとりあげようとした。いわゆる「国家神道」であるが、それはもっぱら欧米からのレッテル張りであり、神祇官の設置にはじまる古代律令体制の復古をめざしたものにほかならない。復古神道家が主導した神道国教化は大教宣布の詔に依拠し、伊勢神宮を頂点とする官幣・国幣などの社格のピラミッドを構成し、廃仏毀釈によって仏教勢力の力をそぐことにあった。大教院による祭政一致体制は挫折したが、大日本帝国憲法や教育勅語の制定による国体の教義は天皇制を支える思想として整備された。戦前の神社行政は「神社は宗教にあらず」との立場をとり、宗教団体法により教派神道、仏教、キリスト教その他を統制する体制を敷いた。いわゆる「国家神道」は戦後、進駐軍の「神道指令」により解体されたことになっている。

梅棹の独自の視点はこれらのこざねからは読み取れないが、「日本探検」シリーズでとりあげた「出雲大社」のなかで伊勢派と出雲派に別れた祭神論争に言及している。また神前結婚を推進した「縁結びの神」＝出雲大社の将来を気にかけている。そこから抽出された梅棹の視点は、科学と民

主主義の一元的支配ではなく、神がみの支配する「神聖なる儀典の世界」との二元的構成であり、それが日本文明の太古以来の文法であるという指摘である（「出雲大社」「著作集」第七巻『日本研究』所収）。

⑦ 日本的一神論 → 天理教 → 大本教 → 金光教 → 踊る宗教 → 創価学会 → 立正佼成会
→ 霊友会 → 新興宗教

ここではいわゆる「新興宗教」が話題となる。宗教学や宗教社会学では「新宗教」と呼んでいる。あまりなじみのない「踊る宗教」について一言ふれると、正式教団名は天照皇大神宮教といい、北村サヨを教祖とし、山口県熊毛郡田布施町に本部を置いている。終戦直後、教祖が信者とともに公衆の場で踊ったことから、その名がついた。これら新宗教のなかで梅棹がもっとも関心をもったのは大本教である。「日本的一神論」と梅棹が言うとき、念頭にあったのは「万教同根」をとなえる大本教ではなかったか。大本教が世界連邦運動やエスペラント語の普及運動に肩入れするのも「万教同根」という日本的シンクレティズム（重層信仰、混交宗教）に立脚していると梅棹は理解している。その延長線上に「日本的一神論」を見たとかんがえられるのである（「大本教」「著作集」第七巻『日本研究』所収）。

⑧ 遺跡調査 → 留学僧の問題 → 本家をたずねる → 河口慧海チベット入り → インドの仏跡巡礼
→ 大谷光瑞西域探ケン

このシマは探検家梅棹忠夫が気合いを入れて書きつづったにちがいない個所である。というのも仏教の本家（ルーツ）を求めて探検の旅に出た河口慧海や大谷光瑞のことを紹介しようとしたからである。河口慧海は一八九七年にインドに渡り、一九〇〇年単独でチベット入りしたが、日本人であることが発覚し、ダージリンに脱出した後、ネパールにおもむき梵語仏典を収集した。他方、大谷光瑞は西本願寺の僧侶を率いて一九〇二年から一九一四年にかけて三回の西域探検隊を組織し、中央アジア各地の仏教遺跡の調査を継続した。

よくわからないのは「留学僧の問題」と「インドの仏跡巡礼」である。留学僧が遣唐使のなかに混じっていた僧を指すのか、大谷光瑞のようにヨーロッパに留学していて探検に目覚めた僧たちのことを意味しているのかが不明である。またインドの仏跡を巡礼するのが藤井日達のような日本山妙法寺の僧侶たちのことなのか、仏陀の足跡を巡礼してまわる一般の仏教徒のことなのかも判断がつきかねる。

⑨ 宗教法人 → 公明党 → 参議院と宗派 → 議会と宗教

ここでは戦後急成長を遂げ、政界に進出した創価学会＝公明党が取り上げられるはずだった。だが、梅棹と創価学会や公明党との接点はまったく見当たらない。となると、戦後の憲法で規定された政教分離の原則や教団と政党のありかたについて通り一遍の紹介をおこなおうとしたのであろうか。先に多少ふれたとおり、執筆予定時の頃は、創価学会は言論出版妨害事件で世間のきびしい目にさらされており、それに関係するとかんがえるのが自然であろう。

⑩ 無神論

たった一枚のこざねであるが、宗教を積極的に否定する立場であり、科学と宗教は相容れないとかんがえる者が主張する議論であるから、無視するわけにはいかない。梅棹は科学者としては無神論の立場をとったが、モゴール族のイスラーム聖職者と論争したときにはアニミスティックで不熱心な仏教徒を標榜した。一般にマルクス主義と無神論とのむすびつきは強固であるから、その点も考慮しなければならないが、日本では無神論よりむしろ「無宗教」というあやふやな観念が流布しているので、それを問題としたかもしれない。

V. 現代日本人の宗教生活

いよいよ最終章となるが、「V. 現代日本人の宗教生活」のこざねはクリップで留めてあるかたまり（シマ）もあれば、単独のものもあり、かなりばらばらな状態で保存されていた。それを梅棹資料室のたすけをかりて二〇のシマに分類した。しかし、二〇のシマの配列には何の手がかりもないので、順不同で以下のように羅列した。それにもとづき、簡単な解説をほどこしていきたい。

①　イナリ信仰 ↓ 現世利益 ↓ キツネつき

②　ハワイにおける諸教会

③　鬼 ↓ ゆうれい

④　正統性、異端 ↓ 異安心 ↓ 説伏

⑤　墓まいり ↓ 忌中 ↓ 法事、法要 ↓ 土葬 ↓ 死体処理法 ↓ 納骨 ↓ 火葬 ↓ 祖先崇拝

↓ お通夜

⑥　冠婚葬祭 ↓ 結婚式 ↓ 葬式 ↓ 花輪 ↓ 喪服 ↓ 葬式無用論 ↓

結婚式の様式、神式、仏式、キリスト教

⑦　浄土教 ↓ 八十八カ所 ↓ 西国三十三ヵ所 ↓ 巡礼

⑧　芸能との関連 ↓ 雅楽 ↓ 宗教音楽、声明 ↓ 武道 ↓ 茶道 ↓ 華道 ↓ 神楽

⑨　報恩論

⑩　大本事件 ↓ 軍神 ↓ 天皇制の問題 ↓ 神宮皇学館 ↓ 特攻隊 ↓ 靖国神社 ↓

国家権力と宗教 ↓ 大東亜戦争は宗教戦争か ↓ 特攻隊 ↓ 明治神宮

⑪　北一輝 ↓ 石原莞爾 ↓ 宮沢賢治

⑫　仏さま ↓ 仏になる ↓ あの世 ↓ おかげまいり、いいじゃないか ↓ お守り、交通安全

⑬　家庭における宗教教育 ↓ 慣習 ↓ 宗教儀礼 ↓ しきみ ↓ 花輪の分布 ↓ さかき ↓

七五三 ↓ 神棚 ↓ 仏壇 ↓ 線香 ↓ ローソク、絵ローソク

⑭　展墓 ↓ 両墓制 ↓ 墓制 ↓ 墓 ↓ 祖先崇拝

⑮ 魔物 → お化けのQ太郎 → ゲゲゲの鬼太郎 → お化け

⑯ Secularism → 仏像 → 観光税 → 交通機関 → 修学旅行 → 観光寺院 →
信仰のない仏像美学者 → 国宝管理 → 観光寺院 → 古寺巡礼 → 宝物展 → 仏像の美術品化
→ 仏像の出開帳 → 教養主義的仏教理解

⑰ 宗教とgeneration → 敬老会 → 棄老、おばすて

⑱ 原理運動 → 現代の文化行政 → 文化庁 → 学生と新興宗教 → 懐疑、不安 → 全学連 →
競馬、競輪、ストレス解消 → 怪談ずき → Ecstasy → スリラー → フーテン →
ゴーゴー → ○×、失神 → サイケ・ムード

⑲ 心境部落 → ヤマギシ会 → 同行衆、同門 → 成田さん → 不動

⑳ 移民と宗教、とくにアメリカ → 移民の出身県別と宗派 → 禅文化の輸出 → 新興宗教の海外布教
→ 西洋における禅ブーム → 鈴木大拙

① イナリ信仰 → 現世利益 → キツネつき

稲荷信仰は伏見稲荷大社を頂点とし、神社本庁の統計によれば全国に約三万二〇〇〇の神社を擁している。次は約二万五〇〇〇社の八幡であり、伊勢・神明の約一万八〇〇〇社、天満・天神の約一万社とつづいている。稲荷信仰はその筆頭に立ち、その浸透度がわかる。梅棹はその主要因を現世利益とみている。稲荷信仰は渡来人の秦氏がもたらしたものであるとの伝承があり、稲の穀霊であるウカノミタマノカミを祭神とし、仏教の荼枳尼《だきに》天と習合した。空海は伏見稲荷の社を山麓に移

し、教王護国寺（東寺）の鎮守神とした。空海の奉ずる真言密教では荼枳尼天は神通力をもつ夜叉《やしゃ》ないし羅刹《らせつ》の一種であり、本体は霊狐とされ、キツネが稲荷のつかいと見なされるようになった。そして神（キツネ）が人間のなかでも特に女性に乗りうつり、神のことばをかたる、いわゆる憑霊型のシャーマニズムが各地に普及した。

稲荷信仰は室町時代になると商工業の発達にともない、穀霊信仰にくわえて商売に福徳をもたらす現世利益信仰をとりこみ、商人など都市民のあいだに浸透していった。

梅棹にとって伏見稲荷はとおい存在ではなく、比叡山から稲荷山までの東山三十六峰について「私家版　京都小事典」でとりあげている（「著作集」第一七巻『京都文化論』所収）。また、初もうでにはやるお宮として祇園（八坂神社）と平安神宮とともに登場させ、神がみのあいだにも大企業集中がおこりつつあることを指摘している（「上方師走拝見」「著作集」第一九巻『日本文化研究』所収）。しかし、『梅棹忠夫の京都案内』（角川選書、一九八七年）では伏見稲荷はその姿をあらわしていない。というのも、その本に採録された小冊子『京都案内―洛中―』（岩波写真文庫、一九五四年）が梅棹の担当であったからである。洛中の人間である梅棹にとって洛外の伏見稲荷はとおくはないが、かといって身近とは言えない存在であったのかもしれない。そうであればこそ、こざねまで用意したこのシマで存分に伏見稲荷を中心とする稲荷信仰を論じてほしかった。

②　ハワイにおける諸教会

このこざねは⑳の移民と宗教に関するシマに入れたほうがいいかもしれない。というのも、ハワ

イに拠点を置く日本の宗教はもっぱら移民とその子孫にささえられてきたからである。したがって、解説も⑳のシマにゆずることにしたい。

③ 鬼 → ゆうれい

このシマも⑮のシマと合体させたほうがいいかもしれない。鬼、幽霊、魔物、お化け、妖怪などは魑《ち》魅《み》魍魎《もうりょう》として一括されたり、異界の存在として百鬼夜行図などに登場したりするからである。

④ 正統性、異端 → 異安心 → 説伏

正統と異端は一般に教義をめぐる神学論争であり、異安心《いあんじん》は浄土真宗の教学にかかわる問題である。梅棹は宗教を教義として理解する立場をできるだけ避けてきた。メーカーの論争である教義には深入りせず、ユーザーの立場から理解しようとつとめてきた。にもかかわらず、このシマでは教義を問題にしようとしていた。日本の宗教といえども日蓮宗に代表されるように他宗を排撃する宗論《しゅうろん》をいどむところもあったからである。また浄土真宗のように宗内の異論（異安心）との対決をせまられることもあった。キリスト教と同様に、仏教諸派にも正統と異端をめぐる論争は尽きなかったのである。

しかし、「梅棹忠夫著作集」には正統と異端に関する記述は見あたらない。異安心への言及もない。とはいえ、梅棹は何かの折に狂言の「宗論」を話題にとりあげ、その概略を説明してくれたことがあった。そこでは浄土僧と法華僧が夜を徹して宗派の優劣を口論するのだが、おどって念仏と

題目をとなえているうちに相手のとなえ文句を言ってしまい、最後は仲直りをするという筋である。わたしはまだ狂言の「宗論」を見たことはないが、そのネタを梅棹はこのシマでつかったにちがいない。「説伏」については日蓮系の「折伏《しゃくぶく》」を念頭におきながら、「説伏」という一般論的な枠組で記述しようとしたのであろう。

⑤　墓まいり → 忌中 → 法事、法要 → 土葬 → 死体処理法 → 納骨 → 火葬 → 祖先崇拝 → お通夜

このシマは人の死後にかかわることである。人は死後どこに行くのかといった他界観を極楽、浄土、あるいは天国といった観念や教義をもちだして論じようとはしていない。周囲の人びとが実際にどのように対処しているかを淡々と記述しようとしている。人が死ぬと、その家には忌中をしめす紙が貼られたり、札が立てられたりする。遺体はしかるべく処置がほどこされ、布団に寝かされる。僧侶がよばれ、お通夜となる。ふつう友引を避けて葬式となる。そのあとかつては土葬が主流だったが、都市部を中心に火葬が普及し、火葬の場合は初七日《しょなぬか》や四十九日の法事がおわると納骨となる。一周忌や三周忌などの法事は定期的につづき、三十三周忌などに弔い上げとなる。この間、春秋の彼岸には墓まいりがおこなわれ、お盆には盆棚をしつらえて祖先をむかえる。京都には五山の送り火があり、家ごとの祖先崇拝に聖なる景観を提供している。

このシマで梅棹はユーザーである家庭の側から宗教生活を描写しようとしており、メーカー側の僧侶や寺院に言及するつもりはなかったであろう。葬式組のような相互扶助組織についてもこざね

はつくられていない。ただし、次のシマで葬式無用論が顔を出す。

⑥　冠婚葬祭 → 結婚式 → 葬式 → 花輪 → 喪服 → 葬式無用論 →
　　結婚式の様式、神式、仏式、キリスト教

結婚式と葬式は現代の冠婚葬祭業の二大マーケットである。「冠」の元服は現代では成人式にあたり、「祭」は先祖祭祀を意味し、市場としては「婚」と「葬」にくらべると極端にちいさい。ここではディーラーとして台頭しつつあった冠婚葬祭業がとりあげられた可能性がたかい。なぜなら花輪は葬儀社が提供するサービスのひとつだからである。また礼服はたいがい自前で用意しているが、結婚式の花嫁衣装となると貸衣装屋にたよるのがふつうである。他方、結婚式の様式を神式、仏式、キリスト教式とならべることで、メーカー側の市場競争についても論究したにちがいない。というのも、「縁むすびの神さま」で知られる出雲大社を「日本探検」シリーズのひとつとして論じた際、神前結婚がさかんになったのは戦後の現象であり、その隆盛以前には神も仏も出てこない、仲人を介した人前結婚が主流であったことを力説しているからである（「出雲大社」『著作集』第七巻『日本研究』所収）。

喪服についても「出雲大社」のところで、いまは黒が当然とおもわれているが、もともとは白であったことを指摘している。その変化はキリスト教の影響だというのである。

ところで、このシマには葬式無用論のこざねがやや唐突に混じっている。結婚式無用論と対をなしているわけでもない。世間には戒名無用論や葬式無用論が高額のお布施に対する反発として昔か

ら存在している。もちろん梅棹がそれにくみしているわけではない。ただ興味ぶかいことに、梅棹は「冠婚葬祭、諸事に優先」という原則にたいして、結婚式と葬式への「欠席権」なるものを主張している（「『新・国学談』より」「著作集」第一九巻『日本文化研究』所収）。とくに葬式は突然やってくるので、スケジュールに組みこみにくい。「婚礼や葬式は、ひっそりと、身内だけで、なるだけ小人数ですますべきものだとおもう。」とその心情を吐露している（「くらし寸評」前掲書所収）。

⑦ 浄土教 → 八十八カ所 → 西国三十三ヵ所 → 巡礼

四国遍路で知られる八十八カ所は弘法大師空海がはじめたとされ、日本における巡礼の代表格である。宗派的には真言宗であり、浄土教とはほとんど関係ないはずである。浄土教のこざねはむしろ⑨の報恩論とならば親近性があり、そのほうが不自然ではない。

このシマは「お遍路さん」を取り上げて巡礼論を論じる個所だが、梅棹と四国との関係は希薄である。巡礼といえば西国巡礼のほうが身近だったろうし、事実、『梅棹忠夫の京都案内』では三十三カ所の観音巡礼について洛中に五カ所あることを指摘している（「著作集」第一七巻『京都文化論』所収）。それは十五番今熊野、十六番清水寺、十七番六波羅蜜寺、十八番六角堂（池坊）、十九番一条革堂《こうどう》であり、「巡礼さん」がたくさんまわっていると記している。

巡礼論については後年、谷口国際シンポジウム「観光の比較文明学」の基調講演において「観光の制度系」として社寺参詣制度をとりあげている。日本の巡礼におけるタテマエとしての社寺参詣、ホンネとしての遊楽、というつかいわけを軸に文明比較を提起している（「著作集」第二一巻『都市と

文化開発』所収)。

⑧ 芸能との関連 → 雅楽 → 宗教音楽、声明 → 武道 → 茶道 → 華道 → 神楽

このシマでは宗教と芸能との関連が縦横無尽に論述されていたかもしれない。というのも、京都は雅楽、声明、茶道、華道をはじめ宗教と芸能が混然一体としてさかんな土地柄だからである。平安京以来、栄枯盛衰はあったにしろ、都は神社仏閣に満ちあふれ、芸道も諸道諸派がきそいあい、みやびな都文化をつくりあげていた。また梅棹自身も芸能と宗教については『美意識と神さま』(「著作集」第一九巻『日本文化研究』所収)をはじめとし、おおくの論考をのこしているからである。

雅楽は朝廷や有力寺院の保護のもとに伝承されてきた芸能であり、神楽もまた神道祭祀と伝統的にむすびついている。宗教音楽と声明のこざねは比叡山延暦寺を想起するだけで書きすすめることができたであろう。茶道は禅の精神を体現した芸能と言えるし、華道の家元である池坊は六角堂の住職を代々つとめている。問題は武道である。三十三間堂の通し矢などを京都にひきつけて話題としたかもしれないし、武道場に神棚をまつる慣行に言及した可能性もある。あるいは、剣禅一如を説く大森曹玄のような近代の武道家もいるし、剣豪宮本武蔵も『五輪書《ごりんのしょ》』という仏教思想に影響された書物をのこしている。とはいえ、武道にはほとんど関心がなかったとおもえる梅棹がここで何を書こうとしたのか、個人的には興味がある。

⑨　報恩論

単独のこざねであり、⑦の浄土教のこざねと本来、対になっていた可能性もある。なぜなら浄土教から派生した浄土真宗は阿弥陀仏に対する報恩を教義の中核に据えているからである。

梅棹は「宗教の比較文明論への試論」において、宗教改革に焦点を当てヨーロッパと日本を比較し、独自の説を立てている。それによると、中世の禅宗に対応するのは、時代はややくだるがフランスのジャンセン派のようなルッター以前の教会改革派のながれをくむ宗派であるという。ルッターの出現以降は、反宗教改革のイエズス会がもっとも戦闘的で強力であったが、その対応物は日蓮宗（法華宗）にもとめられる。そして日蓮宗は浄土真宗に対する反動形態、つまり「近代化された大乗教団、旧教である」というのが梅棹の見立てである（「著作集」第五巻『比較文明学研究』所収）。

⑩　大本事件 → 軍神 → 天皇制の問題 → 神宮皇学館 → 特攻隊 → 靖国神社 →
国家権力と宗教 → 大東亜戦争は宗教戦争か → 特攻隊 → 明治神宮

このシマは一挙に近代に飛んでいる。とくに一九二一年の第一次大本事件にはじまる大正、昭和前期に時代を設定している。「国家神道」という便利な用語がでてこないのは、戦前、一般にはあまり流布していない概念だったからであろうか。明治天皇をまつる明治神宮や神職の養成学校である伊勢の神宮皇学館は「国家神道」の一翼をになっていたし、天皇制の問題には国家権力と宗教の関係が陰に陽にかかわっていた。それが顕在化するのは乃木希典や東郷平八郎などの軍神であり、それをまつる靖国神社である。特攻隊の戦死者も当然、靖国神社の祭神にくわえられた。こうした

問題群を梅棹は「大東亜戦争は宗教戦争か」という疑問形で問おうとしたのである。

その解答を梅棹は「著作集」のどこにも提示していない。もちろん国内における大東亜戦争直前の宗教弾圧については大本教の事例を追っている（「著作集」第七巻『日本研究』所収）。しかし、梅棹の意図は比較戦争論にあったとみたい。なぜなら宗教戦争の例は古今東西、枚挙にいとまがないからである。大東亜戦争の敵国の場合にも、そこに宗教性はなかったのかと梅棹なら問題を提起したかもしれない。

⑪ 北一輝 → 石原莞爾 → 宮沢賢治

北一輝は二・二六事件を起こした将校たちの理論的支柱である。そのため民間人にもかかわらず逮捕され、軍法会議で死刑判決をうけ、五日後に処刑された。石原莞爾は関東軍作戦参謀として指揮を執った陸軍軍人である。世界最終戦論などでも知られる軍事思想家だ。宮沢賢治は言わずと知れた詩人、作家である。三者の共通点はいずれも熱心な日蓮信奉者だったことにある。周知のように日蓮は蒙古襲来を予言し、国難を論じた『立正安国論』を鎌倉幕府に提出している。そのために日蓮は伊豆流罪となった。

梅棹は日蓮思想に着目し、戦時下における宗教思想の影響力を論じようとしたにちがいない。こざねにはなっていないが、国柱会の田中智学などもその範疇にはいっていたはずである。

「日本探検」シリーズの「大本教」には北一輝と出口王仁三郎《でぐちおにさぶろう》との出会いとやりとりの経緯が簡潔に述べられている。それによると、一九二〇年一一月、北は大本本部に王仁三郎をたずね、「日

本改造法案大綱」の草稿を見せ、大本の経営する新聞への掲載をたのんだ。それを幹部にだけガリ版刷りで配ったところ、のちに露見して幹部が逮捕された（中牧注―第一次大本事件の一因）。また一九三五年暮れ、北は王仁三郎に革命計画をうちあけ、二〇万円の出資を乞うた。ださなければ命をもらうと言った。神のおつげは、この金をだせば命はない、というもので、王仁三郎は島根の歌まつりがすむまで二〇日待てと言って島根に行ったが、一二月八日、第二次大本事件が起こり、王仁三郎は松江で検挙された。二・二六事件が起きたのは翌年の二月である（『著作集』第七巻『日本研究』所収）。二度にわたる大本の弾圧に意図せずして北一輝がそれぞれからんでいたのである。

ちなみに戦後、『日本読書新聞』のもとめに対し、梅棹は「日本―五冊ずつの本棚・世界と日本への案内」（一九五九年）のなかで北一輝『国体論及び純正社会主義』を最後の五冊目にあげている（『著作集』第一九巻『日本文化研究』所収）。

⑫　仏さま　→　仏になる　→　あの世　→　おかげまいり、いいじゃないか　→　お守り、交通安全

民間の用法で「仏さま」は故人を意味する。死後間もない死者に対する敬語でもある。「仏になる」というのは死ぬことと同義である。「成仏」あるいは「おだぶつ（御陀仏）」という言い方もある。さとりをひらいて成仏するのではなく、たんに死を仏教的に言い換えたにすぎない。死者は仏教、とくに浄土信仰では極楽浄土、西方浄土に行くことになっている。それが「あの世」であり、「この世」とは三途の川でへだてられている。梅棹はこうした仏教土着の実態を「仏さま」「仏になる」「あの世」という三つのこざねで表現しようとしたにちがいない。

しかし、それにつづく「おかげまいり、いいじゃないか」は腑に落ちない。江戸時代に間欠泉のように噴出した伊勢参詣のブームとどうつながるのか。「おかげまいり」は伊勢の神のおかげで参宮できるというので、伊勢講の男性メンバーの枠を越えて主婦や子女、奉公人までがくわわり、集団参宮の様相を呈した。それは干支にあわせて六〇年周期でおこると説かれ、御師《おんし》たちもそれをあてこんで大衆を動員した。明和八（一七七二）年のときには二〇〇万人もの人びとが伊勢に押し寄せたといわれている。また幕末には神札が降ったという風聞がひろがり「ええじゃないか」の騒動が各地でまきおこった。参宮におもむくのではなく、「ええじゃないか」の囃子文句にあわせ土地ごとにおどったり、地主や豪商の家にあがりこんで酒のふるまいを要求したりした。この騒動は王政復古の大号令が出されると沈静化に向かった。

梅棹は「海外旅行入門」で「おかげまいり」を旅行文化のルーツのひとつとしてとらえている。修学旅行は「おかげまいり」の近代版とみなされ、農協の海外旅行団もまた伊勢まいりの現代版という見方をしている。そして「おかげまいり」を武者修行と対比し、前者を「対象理解主義」、後者を「人間的体験主義」ととらえ、旅行は自己変革をともなう一種の人間形成であるとみなしている。ただし、「おかげまいり」の系譜に属する「旅の恥はかきすて」については、自己変革のない団体旅行として苦言を呈している（『著作集』第一三巻『地球時代に生きる』所収）。

「おかげまいり、いいじゃないか」の次のこざねが「お守り、交通安全」であるのもかなり飛躍している。たしかに「おかげまいり」で降った神札とお守りには共通点もあるが、交通安全が出てくるなら、お守りは現在のものとかんがえられる。時代的にもかけはなれていて、このならびも不

自然である。

⑬ 家庭における宗教教育 → 慣習 → 宗教儀礼 → しきみ → 花輪の分布 → さかき → 七五三 → 神棚 → 仏壇 → 線香 → ローソク、絵ローソク

家庭における宗教的装置とそれにかかわる儀礼をとりあげ、宗教教育まで論をすすめようとしたシマである。梅棹は宗教的教養に言及したことはあるが（『著作集』第七巻『日本研究』、四二三頁）、宗教教育について述べたくだりをわたしは知らない。その宗教的教養にふれた新聞記事のタイトルは「文明の未来」となっているが、実際には「宗教の未来」をかたっている。神棚も仏壇ももたない家庭が急増し、学校教育も宗教をしめだした状況下で、日本のあたらしい世代はますます非宗教化していると認識している。その傾向は日本がひとつの実験として先行しているが、おそかれはやかれ世界人類全体が日本と似たような状態になる、というのが論旨である。

神棚や仏壇には神札や位牌・仏像がまつられるが、それにはあまり関心がないらしく、しきみ（仏壇用）やさかき（神棚用）、線香やローソクといった使用され消費されるものが列挙されている。花輪は葬式の会場をかざる造花であるが、関東を中心に分布し、関西ではあまりつかわれない。しきみは逆に関東ではあまりなじみがないので、地域差に注目したのかもしれない。

七五三のこざねは唐突であり、場ちがいの感をおぼえる。家庭における宗教教育の側面がないでもないが、明治時代の「創られた伝統」として後のホブズボウムらの所説に先立って取り上げようとしたのかもしれない。町人や武家の慣習が七五三という行事に姿を変えたのは「国民文化」を創

造しようとした明治という時代に由来するからである。

⑭ 展墓 → 両墓制 → 墓制 → 墓 → 祖先崇拝

展墓とは古風な表現だが、墓参のことである。これについては「墓まいり」というこざねが⑤の冒頭にすでにある。また「祖先崇拝」のこざねも同様に⑤のシマに存在する。ただし、⑤は行動様式から死者に対するあつかいとふるまいを見ているのに対し、ここでは制度としての墓制や祖先崇拝をとりあげようとしている。言い換えると、⑤では文化としての側面に焦点を当て、⑭では文明としての構造に関心を寄せている。

とくに注目しているのは両墓制である。両墓制とは「埋め墓」と「詣り墓」を区別する日本独特の墓制である。それはかねてより民俗学者がもっぱら調査・研究に従事してきた分野である。そこであきらかになったことは、「埋め墓」はふつう集落からはずれた山野や海・川のほとりなどにもうけられ、石塔の「詣り墓」は集落内の寺や堂などに近接し、それぞれ死穢《しえ》を忌避する観念と死者供養のための石塔建立とが介在しているという点である（新谷尚紀「両墓制」福田アジオ他編『日本民俗大辞典 下』吉川弘文館、二〇〇〇年）。

民俗学の両墓制研究に梅棹がいかなる一石を投じようとしたのかは不明である。墓と先祖にかかわる柳田国男以来の学説に対し、民族学（文化・社会人類学）からは親族や同族と関連づけようとする研究が存在しないわけではない。しかし、それに梅棹がくみしたとはおもえない。むしろ、「神々の分業」の発想を適応するならば、死穢のような土着の宗教観念と石塔のような仏教的モニュメン

トとの分業を論じた可能性のほうがたかいであろう。死者のあつかいも仏教にすべてをゆだねるのではなく、「埋め墓」のような伝統に根ざす空間を確保したことを制度の面から追究したかもしれない。装置としての墓、制度としての墓制を区別し、祖先崇拝に文明的意義を見いだした可能性すらある。つまり、神道と仏教の分業体制は祖先崇拝にも適用され、それが日本文明の基本文法を形成しているのであって、両墓制はそのひとつの証拠になる、と。

⑮ 魔物 → お化けのQ太郎 → ゲゲゲの鬼太郎 → お化け

最近でこそ妖怪研究は日本文化研究のひとつのジャンルとして確立しつつあるが、一九七〇年前後はまだ学界での市民権を得るにはいたっていない。しかし、一九六〇年代なかば以降、藤子不二雄の「オバケのQ太郎」は漫画やテレビを席巻し、オバQブームをまきおこしていた。他方、水木しげるの「ゲゲゲの鬼太郎」もまた同時期に漫画とアニメで人気を博し、妖怪ブームを牽引した。魔物やお化け、あるいは総称としての妖怪はおどろおどろしい民間伝承の世界からポピュラー・カルチャーのキャラクターに変身をとげつつあった。

神も仏も妖怪変化《へんげ》も魑魅魍魎《ちみもうりょう》もわたしの心にはすんでいないと言い切る梅棹がいわゆる妖怪ブームをどうとりあげようとしたのか。自分の心にはいなくとも一般の日本人の心にはすみついている。それどころか近年は漫画雑誌やテレビという新興のメディアにのって大衆化している。そうした現象を情報産業論から説きおこした可能性は十分にある。つまり、ふるくさいお化けや魔物のような存在があたらしい情報媒体によって広範囲に流布されていることの意味を問いたかったのかも

しれない。

　そのひとつの答は意外にも次のシマとつながっていた。というのも、脱宗教を意味するSecularism（世俗主義）という西洋の概念が神や仏の世界だけでなく、妖怪の世界にも妥当するとみていたかもしれないからだ。つまり、魔物やお化けも恐怖の存在ではなくなって、友好的で身近な仲間へと脱皮していたからである。

⑯　Secularism → 仏像 → 観光税 → 交通機関 → 修学旅行 → 観光寺院 →
信仰のない仏像美学者 → 国宝管理 → 観光寺院 → 古寺巡礼 → 宝物展 → 仏像の美術品化
→ 仏像の出開帳 → 教養主義的仏教理解

　Secularism は聖と俗の二分法を前提とした概念である。教育宗教分離主義という訳があるくらいで、宗教を世俗の分野から分離させる指向性をもつ。換言すると、宗教の独自性を世俗の力によって剝ぎ取る作業にほかならない。たとえば、仏像は信仰の対象ではなく、鑑賞の対象になる。畏怖の存在ではなくなり、美術品とみなされる。そのため参拝ではなく観光が目的となり、寺院は歴史や美術を学習するための空間と化す。列車やバスなどの交通機関を利用し、観光寺院をめざして修学旅行の団体が押しかける。これが世俗化である。梅棹は世俗化という学術用語をもちいて、世俗化にともなって儀式化が進行する、と食事のマナーについて論じている（「著作集」第九巻『女性と文明』、四六二―四六三頁）。このシマでは仏像が主題であるが、その宗教性の希薄化が世俗化にほかならない。

仏像を研究する美学者に信仰はかならずしも必要ではない。国宝や重要文化財として仏像を管理する場合も美術的価値が優先される。和辻哲郎の古寺巡礼は寺院をめぐる旅であるが、四国八十八カ所や西国三十三カ所といった信仰にもとづく聖地巡礼ではない。仏像は美術品として展示され、寺院でも宝物としてあつかわれる。江戸時代に出開帳《でがいちょう》とよばれる本尊などの仏像の出張公開がはやり、寺院経営の貴重な財源となった。明治になると、フェノロサや岡倉天心にはじまる美術的仏像理解がひいては教養主義的仏教理解につながり、歴史や文化の側面から仏教を理解する態度を生みだしてゆく。学術や教育の世界では、信心は二の次とされる傾向がつよくなる。

⑰ 宗教とgeneration → 敬老会 → 棄老、おばすて

信心ぶかいのは一般に老人と中年女性である。宗教はgeneration（世代）とあさからぬ関係にある。高齢者が宗教とかかわるのは現代風に言えば「終活」となるが、梅棹が構想を練った半世紀前は「敬老会」に代表される地域のお膳立てだったかもしれない。「敬老の日」は一九六六年に国民の祝日にくわえられ、しかもその発端は兵庫県の野間谷村で前年に開催された「老人会」であった。当時の村長がよびかけ、「老人を大切にし、年寄りの知恵を借りて村づくりをしよう」という趣旨ではじまったものである。

敬老の精神は棄老や姥捨《おばすて》の伝説がつたえるメッセージでもある。信州には田毎の月で有名な姥捨山が存在するが、戦後、それをモデルとした深沢七郎の短編小説『楢山節考』がベストセラーになり、木下恵介監督によって映画化もなされた。

梅棹の脳裏にはこのような情報が去来していたにちがいない。しかし、それをどう処理したかは推測の域をでない。とはいえ、ヒントはいくつかある。そのひとつは、日本は中国とはちがって敬老精神がうすいとみていた点である。中国は超家族制社会なので、老人の扶養力が相当にあるのに対し、日本は伝統的に核家族であり、大家族を経験したことがないので、老人の吸収力が非常にすくないと指摘している（『著作集』第一二巻『人生と学問』、三九〇頁）。もうひとつのヒントは結婚、嫁入り、隠居に関する見解である。かつて日本の農村社会では「よばい」とよばれる結婚生活がいとなまれ、両親の隠居にともなってはじめて「嫁いり」がおこなわれ、ふつうはこどもを連れてきたというのである（『著作集』第九巻『女性と文明』、二五六頁）。梅棹なら棄老をたんなる伝説としてではなく、日中の家族構成の比較や隠居のような制度との関連で説明したのではないだろうか。

⑱ 原理運動 → 現代の文化行政 → 文化庁 → 学生と新興宗教 → 懐疑、不安 → 全学連 →
競馬、競輪、ストレス解消 → 怪談ずき → Ecstasy → スリラー → フーテン →
ゴーゴー → OX、失神 → サイケ・ムード

原理運動とはいわゆる「統一教会」のことをさす。一九六〇年代後半には大学キャンパス内で「原理研究会」の活動を活発化させ、学生運動のひとつとして社会問題にもなっていた。「統一教会」と言うときはチャーチを意味する「教会」の文字があてられ、英語でもユニフィケーション・チャーチとよばれる。正式名称は世界キリスト教統一神霊協会である。その場合はアソシエイションを意味する「協会」という言葉がつかわれている。

この団体が「原理運動」とよばれる理由は『原理講論』という聖典の存在にある。これは教祖である文鮮明が一九五一年に執筆を開始し翌年に完成させた『原理原本』に由来する。文はソウルで一九五四年に世界キリスト教統一神霊協会を設立し、教勢を急速にのばした。日本にも一九五八年に伝来し、一九六四年には東京都で宗教法人の認証をうけている。一九六七年には日本語版の『原理講論』が発刊された。

原理運動には実はもうひとつの顔があった。それは「勝共連合」であり、共産主義に勝つという思想をかかげていた。当時の大学では全学連や全共闘に代表されるように共産主義思想が猛威をふるっていた。それに対し、反共を声高に主張する勢力として「勝共連合」が突如あらわれたのである。キャンパス内では、原理運動・勝共連合に対抗する「反原理」の運動がおこり、マスコミも信者監禁や洗脳、霊感商法や合同結婚式などに批判的な目を向けていった。

原理運動が勃興した背景には朝鮮半島の政治情勢がある。文鮮明は南北に分断された国土をすくう思想をキリスト教にもとめ、みずからをメシア（救世主）と暗示する「統一原理」を組み立てた。それは文夫妻を人類にとっての真の父母とする一種の選民思想でもある。統一教会は一九七〇年代以降も世界各地でさまざまな軋轢を生み、かずかずの社会問題を引き起こしたが、二〇一二年の教祖の死により下火となった。教団名も世界平和統一家庭連合に改称されている。

梅棹はこのシマで原理運動に端を発して日本の文化行政、とくに文化庁が管掌するところの宗教行政について論じるつもりだった。戦後の日本では、政教分離の原則にもとづき、宗教法人に行政が介入することに歯止めがかけられ、認可（許可）ではなく認証（確認）という手つづきをとるよ

うになった。戦前の大本教とはことなる行政的対応に注目した可能性もある。また、「統一」という思想に大本教との類似性をみることもできたはずである。しかし、こざねを見るかぎり、「懐疑、不安」という学生や青年がかかえる苦悩をとりあげ、新興宗教や全学連に関心が向かっていたようである。

その一方、ストレス解消のための競馬や競輪が並置され、怪談ずき、スリラー小説などこれまた気晴らしにつながる分野が列記されている。はてはエクスタシー（陶酔や忘我の状態）をひきおこすゴーゴーダンスやグループサウンズのひとつで「失神バンド」とよばれたオックス（OX）にも言及しようとしていた。アメリカの対抗文化（カウンター・カルチャー）の影響を受けてサイケデリックを意味するサイケがはやり、サイケ・ムードが大手を振っていた時代である。フーテンとは一九六七年に新宿に登場したフーテン族をさしている。いわゆる若者文化を代表するヒッピーとともに「族」を冠せられたフーテンである。まだ映画の「寅さんシリーズ」は誕生していなかった。

ところで、梅棹は原理運動について後日、谷口国際シンポジウム文明学部門でつぎのような発言をしている。

> 統一と分裂の話ですけれども、統一教会というものは朝鮮半島において出現したということは、ひっくりかえせばいかに統一がないかということじゃないか。本当にわれわれから見れば韓国社会というものは統一の成立しにくい社会で、朝鮮人は三人寄ったら党が三つできると、昔から言いますね（梅棹忠夫・中牧弘允編『宗教の比較文明学』春秋社、一九九三年、二一五頁）。

それにつづけて梅棹は、日本が集団主義的であると外国から批判されるが、実際は組織主義であって、朝鮮半島の場合は組織原理が弱く、父系血縁原理がいまなお強いのではないかと指摘している（前掲書、二一六頁）。

⑲ 心境部落 → ヤマギシ会 → 同行衆、同門 → 成田さん → 不動

このシマでは信仰や信念でつながる集団に注目している。心境部落とヤマギシ会はいずれもコミューンに分類される団体で、宗教法人格は取得していない。法人格は何であれ、道徳・倫理・修養団体として活動しており、宗教活動に類似する点もおおい。心境部落は通称であり、正式には心境荘苑と称している。一九四〇年の創立であり、奈良県宇陀市榛原笠間に本部がある。創立者の尾崎増太郎は天理教の元教師であり、村八分を受けた農家四戸とともに共同生活を開始した。戦後、知的障害者援護施設を運営し、共同風呂に入ることや共同食堂で食事をとることを重視し、自然体の生活をモットーに暮らしている。ヤマギシ会も通称であり、一九五三年に山岸巳代蔵が考案した養鶏法とその精神であるヤマギシズムを実際の共同体で実現させようとする目的をもつ。正式法人名は山岸会だったが、一九九五年に幸福会ヤマギシ会と改称している。本部は三重県伊賀市にある。ヤマギシズムは私有財産を否定し、「無所有一体」を生活信条としている。

心境部落とヤマギシ会について「梅棹忠夫著作集」には言及がない。コミューンについてはスイスとイタリアの例が引かれているが、日本ではとくに都市は流動性が高く適用しにくいとかんがえている（「著作集」第二一巻『都市と文化開発』、一四三頁）。

同行衆《どうぎょうしゅう》と同門も信仰をともにする集団であり、とくに真宗が同行衆という言いかたをする。同行は講中や講仲間をさすこともあり、真言宗では「同行二人《ににん》」という場合、空海と一緒に巡礼をするという意味でつかわれる。「成田さん」は成田山新勝寺のことであり、真言宗に属し、「成田不動」で知られる不動明王を本尊としてまつっている。同門は師を同じくするという意味合いで宗門でもよくつかわれる。

⑳ 移民と宗教、とくにアメリカ → 移民の出身県別と宗派 → 禅文化の輸出 → 新興宗教の海外布教 → 西洋における禅ブーム → 鈴木大拙

このシマは日本宗教の海外布教や禅ブームとかかわり、梅棹が『日本人の宗教』を執筆するにあたり、そこまで視野をひろげていたことにおどろきを禁じえない。なぜなら、このテーマはわたし自身が一九七七年の民博赴任以降、恩師の柳川啓一教授らとともに現地調査にとりくみ、ずっと追究してきた課題だからである。

日本の宗教は、仏教であれ、神道であれ、日本人移民を追いかけるかたちで海外布教に乗り出していった。多少時期はずれるが、新宗教も同様である。日本人の海外移住は一八八五年のハワイ官約移民にはじまる。明治元（一八六八）年にハワイになかば強制的に移住させられたいわゆる「元年者」は例外の部類に属する。官約移民は日本政府とハワイ王国との契約にもとづくものであり、サトウキビ耕地で三年間の契約労働に従事した。一八九四年までの一〇年間、二万九〇〇〇人あまりの日本人がハワイに渡航したが、出身県別にみると、三八・一％が広島県、三五・九％が山口県

で、以下熊本県一四・六％、福岡県七・五％とつづいた。かれらの六割は帰郷したが、のこりの四割はハワイ諸島にとどまるか、アメリカ本土に転航したと推定されている。二〇世紀になると、アメリカ西海岸では日本人排斥運動がおこり、一九〇八年以降はブラジル移民が増加することになる。ハワイ移民の多数を占めた広島県や山口県は「移民県」ともよばれ、浄土真宗本願寺派（西本願寺、本派本願寺）が浸透している土地柄である。そのため、サトウキビ耕地には続々と本派本願寺の寺院が建立され、コミュニティー・センターの役割りを果たした。他方、東日本の移民には真宗大谷派（東本願寺）や曹洞宗の檀家がおおく、東本願寺系や禅宗系の寺院も本派本願寺につづいた。もちろん浄土宗、真言宗や日蓮宗の寺院も、また四国出身者を中心とした金刀比羅神社なども創建された。さらに、アメリカでの定着をめざしてキリスト教に傾倒する人びともすくなくなかった。他方、なやみごとの相談は沖縄系のユタをふくむ霊能者たちにすがる習慣もつづいた。このように日本人移民とその子孫はハワイでもさまざまな伝統にかこまれて多元的な宗教生活をいとなんでいたのである。

　これに対し、禅に関するこざねは移民とは別のルートでそのブームが西洋にひろがったことを説明しようとしている。カギをにぎるのは鈴木大拙である。かれの代表作である『禅と日本文化』（原著は英文で、初版は一九三八年）は西洋でひろく愛読され、おおくの翻訳本が刊行されている。その後、欧米人がみずから禅の修行にうちこみ、各地に禅センターを設立していったが、火付け役となったのは鈴木大拙の一連の著作物である。

　後年、梅棹はブラジル日本移民史料館の設立に際し、有識者で博物館長でもあるという理由で助

言をもとめられ、現地におもむいている。そして一九七八年六月、サンパウロで開催されたブラジル移住七〇周年国際シンポジウムでは基調講演もひきうけた。そこで梅棹は「われら新世界に参加す」というテーゼをうちだした。日本人移民は新世界の客人でもなければ侵入者でもない。たんなる「出稼ぎ」でも、ましてや「棄民」でもない。文明史的には、新世界文明への参加者である、と位置づけたのである。

　このテーゼはサンパウロの移民史料館だけでなく、ＪＩＣＡ横浜の海外移住資料館のメーン・テーマにもなった。後者の創設にあたっては、わたしは梅棹先生から直接の指名をうけて協力したが、まようことなく梅棹テーゼを基本にすえた。ただし、当初「新世界に参加す」となっていたものを「主語がない」という先生の指摘で「われら新世界に参加す」と変更したことも付言しておきたい。

追跡の後日談

梅棹忠夫の幻の著作『日本人の宗教』の構想の全容がほぼ明らかになったかとおもう。ただし、「移民と宗教」や「西洋における禅ブーム」のシマであっけなく終っているので、尻切れトンボの印象を免れない。そこで、二つの選択肢が浮上する。ひとつは「まとめ」を書くことである。もうひとつは、その「後日談」をつづってみることである。わたしは今回、後者を選んだ。もちろん、一九七〇年頃に無事刊行されたと想定しての話である。

☯ 持続する宗教への関心

一九七二年の座談会「神々の分業」は梅棹の卓抜な発想にもとづいた企画である。メンバーは梅棹のほかに伊藤幹治、加藤秀俊、窪徳忠、竹田聴洲、林屋辰三郎、米山俊直であり、加藤が司会をつとめた。伊藤は日本民俗学、加藤は社会学、窪は道教研究、竹田は仏教民俗学、林屋は日本中世史、米山は文化人類学と、それぞれの分野を代表するような顔ぶれである。言うまでもなく「分業」という概念はアダム・スミスの経済学に発し、社会的分業はデュルケームに由来するが、今西錦司の生態学的概念である「棲み分け」とセットで宗教の世界に適用したところが秀逸である。

さらに、宗教現象に産業のアナロジーを適用したメーカーの論理とユーザーの論理も抜群である。そのきっかけとなったのは、『日本人の宗教』のためにインタビューをおこなったある中年婦人のケースである。彼女はお不動さんに毎月、月まいりをするが、帰り道にはあるお宮におまいりして、それぞれにすがすがしい気もちになるという。梅棹はここで宗教における消費の問題に気づく。中年婦人はお寺にも行けば、ついでにお宮にも寄る。これまでの宗教研究ではメーカーの論理で仏教の研究とか神道の研究をしてきたが、それは巨大メーカーをめぐる産業論であって、末端の消費生活において製品がどのようにつかわれてきたかはほとんど問題にされてこなかったのではないか。そこから発想して、メーカーとユーザーの論理を抽出し、家庭における宗教生活にまで論をすすめていくのである。

この指摘も「神々の分業」とおなじく一九七二年になされている。京都大学人文科学研究所で主宰する共同研究「文明の比較社会人類学的研究」において「比較宗教生活論」という題でおこなった発表がそれである。それはのちにテープ起こしを経て「日本人の宗教生活」と改題され著作集におさめられた（『著作集』第七巻『日本研究』、四二七―四四六頁、本書第2章に収録）。

実際、メーカー・ユーザー論理は座談会「神々の分業」のなかで揉まれている。たとえば、日本における道教の受容は、部品メーカーであるところの道教が生産したものを儒教や仏教が買って、自分の体系に取り込んで輸出したものにほかならないと窪氏は指摘している。部品を融通しあう大企業の関係に儒・仏・道がたとえられているのである。

宗教現象を現代の経済アナロジーで解くところの発想はとどまるところを知らない。はては、工

業社会の組織原理は宗教が提供したという飛躍にまでつながっていく。すなわち、宗教の基本的原理はある種の取引であり、「メーカーにおいて神聖化という特殊処理をほどこした情報を、ユーザーたちがなにがしかの代価を支はらってかうのである」と。

それから二〇年あまり後、わたしは『KANSAI FORUM』という英文雑誌にたのまれて日本人の宗教について一文を草することになった。そこで展開したのは梅棹のユーザー論に依拠した「宗教の消費者としての日本人」論だった。また、「神々の分業」にもとづく仏教やキリスト教の受容のありようだった。題して“The Japanese and Religion: A Consumer's Perspective”（*Kansai Forum* vol.3 no.16, 1994）である。

失明して発見する宗教の意義

一九八六年三月一二日の朝、梅棹は突然、視力を喪失する。とっくに日はのぼっているのに、窓の外を見ても、まだ夜はあけていない。急きょ、中之島にあった大阪大学医学部附属病院に向かい、即入院となった。さまざまな検査を受けるが、原因はよくわからず、視力もほとんど回復しなかった。くだった診断はウィルスによる球後視神経炎である。中国の出張中にかかったらしく、ステロイド（副腎皮質ホルモン）治療がほどこされた。しかし、あまり効果はなく、薄明状態となって安定した。詳細は梅棹忠夫著の『夜はまだあけぬか』（講談社、一九八九年）を参照されたい。

実はわたしも一九八〇年六月三〇日の朝、突然、両手両足が次第に動かなくなっていった。近く

の総合病院でくだされた診断はギランバレー症候群。聞いたこともない病名にとまどった。応急処置としてステロイドが投与されたが、まったく効き目がなかった。しかし、すこしずつ運動神経はもどり、リハビリにはげんで筋力の回復につとめた。結局、下肢に後遺症がのこり、直立や歩行がすこし困難になって落ち着いた。

突如として病魔におそわれ、障害をかかえる身となった二人が宗教をテーマに対談することになった。総合研究開発機構（ＮＩＲＡ）の委託研究「民族学者の発想」という企画で、民博の若手が梅棹の対談相手をつとめたのである。目の見えないときにかんがえたことを記録しておくようにというＮＩＲＡ理事長（当時）の下河辺淳氏の好意によるものだった。退院前後から一〇回おこなわれ、わたしはその二回目を担当した。対談はのちにまとめられて出版された（梅棹忠夫『民族学者の発想―人間のいとなみを語る』平凡社、一九九三年、本書第3章に収録）。

そのなかで梅棹は宗教理解にあたらしい境地をひらいた。信仰に目ざめたということではない。入院して不安と恐怖にさいなまれるなかで、宗教というものの役割りのかなり本質的な部分に気づいたのである。宗教は神秘体験とか超自然的体験とかではなく、「心理的、精神的現象のなかでの技術論」であるということである。だだっ子の頭をなでるみたいなもので、「しずめるプロセスの技術体系」であるというのだ。そして日本は死というものを回避した文明になっていて、死に対して「心がまえをつくる技術が欠落している」と指摘する。そこから「死をめぐる文明圏」や「死者のアフターケア」に話題が発展し、宗教の未来におよんでいった。

その点でも意表をつく見解にでくわした。梅棹によれば、宗教家というのは労働組合みたいなも

のだという。「自己の権利の確保と主張のためにほんとうに奮戦しなければならないわけだ。……現代の世界の経営権というか運転力は、科学、あるいは合理主義がにぎってしまっている。労働側はそのなかで、いかにして生きのびるかということに必死の努力をする。だから、いろいろな自己主張の論理をつぎからつぎへとかんがえざるをえない」のだ、と。大本教の万教同根という思想も宗教自体の一種の危機を先どりしたもので、大本が主催した世界宗教者会議につながったと指摘している。

梅棹との対談で浮上した技術論とアナロジー。ここに梅棹忠夫という「民族学者の発想」のすごさがあると若き日の凡才は感じ入ったものである。

宗教の比較文明学

死の問題はその後、梅棹が宗教を語るときには中心的なテーマのひとつになっていった。一九八八年三月に開催された谷口国際シンポジウム「近代世界における日本文明—宗教の比較文明学」においても梅棹は基調講演で生老病死をとりあげ、近代文明は死をどうむかえようとしているのかを問うている。四苦のくるしみを直視して、しかも安心立命をあたえられるように努力するのが宗教教団の義務ではないかとまで述べている（「近代化と宗教」本書第2章に収録）。

情報産業社会においては宗教も大量の個別生産の時代となり、個別化した宗教が意味をもってくると予想していた。そして「なやみ、くるしみが個々人でことなるように、宗教も一切衆生を救済

するというのではなく、個々人に処方箋をだしているとおもわれます」とむすんでいる（前掲書）。

このシンポジウムは病後二年という時期にあたり、病床での発想がまだ尾を引いていたようにもおもわれる。そして、それまでの梅棹宗教論にあらたな次元がくわわったとみることができる。深みというか、高みというか、それとも精神的技術論というか。

第2章
宗教の比較文明論

＊

梅棹忠夫

動物生態学の研究を振り出しに、民族学（文化人類学）に研究の中心を移した梅棹忠夫。地球上に形成された古今東西の多様な文明の比較研究を行い、その知見に基づいて人類文明の未来を構想する「比較文明学」は、梅棹の代名詞にもなった。ここには、梅棹が比較文明学的見地から論じた論考、エッセイ、講演録を収録する

日本人の宗教生活

解説

一九六五年以来、わたしは京都大学人文科学研究所に勤務して、社会人類学の部門を担当していた。そして、一九六九年四月から、「文明の比較社会人類学的研究」という共同研究班を主宰していた。その研究班は、研究所の内外をとわず、約三〇名のメンバーから構成されていた。研究会は週一回開催され毎回活発な議論が展開した。その研究会において、わたしは一九七二年五月二一日に、「比較宗教生活論」と題する発表をおこなった。

この発表は印刷されることはなかったが、さいわいにして、わたしの発表内容とともに、討論の全過程が録音テープとしてのこっていたので、それによって本文を構成した。討論の参加者は林屋辰三郎、佐々木高明、中尾佐助、谷泰、石毛直道、倉田亨、米山俊直、岩田慶治、藤岡喜愛、和崎洋一、端信行の諸氏であった。わたしの発表に対して活発な討論をいただいたこれらの諸氏に感謝する。

なお、「梅棹忠夫著作集」第七巻『日本研究』に収録するにあたっては表題をあらためた。

☯ 宗教の疫学理論

比較宗教論への関心は、わたしが年来もちつづけてきたところのものである。その基本的なかんがえかたは、さきに『人文学報』の二一号に発表した、「比較宗教論への方法論的おぼえがき」と題する論文である。[*1] 一九六五年のことである。これはわたしの著書『文明の生態史観』の最後に収録されている。[*2]

それは一種の、宗教の疫学理論であった。宗教を疫学の対象とかんがえるのである。疫学の対象となるのは、疫病、すなわちエピデミックな病気である。それは風土病、すなわちエンデミックな病気に対比していわれることばで、「はやりやまい」あるいは流行病を意味する。エピデミックな病気をとりあつかうエピデミオロジーの対象として、宗教をとりあげようというのである。ここでいうエピデミックな病気というのは、かならずしも細菌やヴィールスの感染によってではなく、社会現象によって伝染する病気をさしている。たとえば、多発する事故なども疫学の対象になる。交通事故のようなものさえも疫学の対象になるのである。原因不明のものを、疫学的手法で、問題を解決したという例がいくつもある。このような疫学的手法を、宗教に対して適用してみようというのである。このかんがえかたは、かなりの程度に事実にあう。宗教を、いわば精神における流行病ととらえるのである。

この「方法論的おぼえがき」の後半では、世界における二大宗教、仏教とキリスト教を、その伝

播の歴史において、比較、研究して、両者のあいだには、かなりの程度の平行現象がみられることを論じた。これは、宗教を比較文明論的にとりあつかおうというこころみであった。

　きょうここでお話する内容は、それとはややちがった観点から宗教をかんがえてみたいのである。やはり比較文明論の一部には相違ないが、やや特殊的な状況のなかから問題をとりあげてみたい。

＊1　梅棹忠夫（著）「比較宗教論への方法論的覚え書き」『人文学報』第二一号　一―一八ページ　一九六五年一二月　京都大学人文科学研究所

＊2　梅棹忠夫（著）「比較宗教論への方法論的覚え書き」『文明の生態史観』（中公叢書）　二二五―二五六ページ　一九六七年一月　中央公論社
なお、この書物は文庫版になっている。
梅棹忠夫（著）『文明の生態史観』（中公文庫）　一九七四年九月　中央公論社〔「著作集」第五巻『比較文明学研究』所収〕

☯面接調査

日本における宗教の具体的なありかた、あるいは日本人の信仰生活を、具体的なかたちとしてとりだしてみるとどういうことになるか。まえに京都の出版社、淡交社から「世界の宗教」というシリーズが刊行された。そのなかには岩田慶治氏の『カミの誕生』や、谷泰氏の『愛と裁き』などがふくまれている。じつは、このシリーズの最後の巻として『日本人の宗教生活』◆というのを、わた

しが執筆することになっていた。しかし、いろいろないきさつによって、この企画は実現しなかった。

しかし、この本のために、わたしは現実に調査をおこなっている。その方法は面接である。かなりのひとに面接して、「あなたの内面のなかで、宗教に関係があるとおもうことを、ぜんぶここで告白してください」というかたちで、人びとの告白をききだしたのである。それぞれにかなりの時間をかけて、ごくふつうの市民や主婦たちを対象にして、対話をかさねた。その記録はすべてテープにとられ、原稿におこされている。

いずれこの資料をまとめて、一冊の本にして、淡交社との約束をはたしたいとおもっている。ここでは、その面接調査からえられたひとつのアイディアをもとにして、日本人の宗教生活について、ひとつの見かたをお話したいとおもっている。

きょうお話することの一部は、さきに、高田宏氏の編集によるエッソ・スタンダード社の広報雑誌『エナジー』の座談会で発表した。それは「日本人の信仰」という特集であった。この号は加藤秀俊氏と米山俊直氏の監修にかかわるものであるが、その巻頭に座談会が掲載されている。題して「神々の分業――日本人の宗教と信仰心について」という題である。* 出席者は、加藤秀俊、米山俊直、伊藤幹治、梅棹忠夫、窪徳忠、竹田聴洲、林屋辰三郎という顔ぶれであった。

この座談会において、わたしが、日本人の宗教生活をめぐってのひとつの仮説を提出した。おおいに議論がはずんで、わたしの仮説はいっそうふくれあがった。その結果をきょうここで、みなさんにきいていただこうとおもっている次第である。

◆「世界の宗教」シリーズの最終巻のタイトルは『日本人の宗教』であり、『日本人の宗教生活』は、シリーズとは別に企画された単行本のタイトルである。

＊加藤秀俊、米山俊直、伊藤幹治、梅棹忠夫、窪徳忠、竹田聴洲、林屋辰三郎（著）「神々の分業——日本人の宗教と信仰心について」加藤秀俊、米山俊直（監修）特集「日本人の信仰」『Energy』第九巻第二号　通巻三二　二—一六ページ　一九七二年四月　エッソ・スタンダード石油広報部

なお、この座談会は、つぎの書物にも収録されている。

加藤秀俊、米山俊直、伊藤幹治、梅棹忠夫、窪徳忠、竹田聴洲、林屋辰三郎（著）「神々の分業——日本人の宗教と信仰心について」梅棹忠夫、多田道太郎（編）『日本文化と世界——論集・日本文化2』（講談社現代新書二八〇）　一九七二年六月　講談社

なにを信じているのか

日本人の宗教生活について、市民たちとのインタビューをかさねているうちに、いろいろふしぎなこと、奇妙なことに気がついた。

その第一は、かれらがいったいなにを信仰しているのか、全然わからないということである。共通していえることは、かれらがある種の宗教的ムードにひたっているという点であるが、その宗教の内容は、なんであると確定することができない。インタビューをかさねているうちに、あるひとはこういった。

「わたしは、ほんとうに自分は信仰ぶかい人間だと信じてきたが、かんがえてみると、わたしは

いったい、なにを信心していたのでしょうか」

といいだす始末である。それでも、たしかにいわゆる宗教ムードはちゃんと保持しているのである。

あるひとの場合はお茶人であったが、対話をかさねているうちに、

「この、お茶をたてることが宗教ですな」

ということになった。

これらの人びとは、たしかに神社に参拝をするし、お寺まいりもする。その種の宗教的施設の利用には、はなはだ熱心である。しかし、かれらの内面的な信仰生活の実態は、われわれが通常、観念するような「宗教」というものとは、おそろしくちがっているのである。一般に、研究者や知識人が宗教という語であらわしているものは、仏教にせよ神道にせよキリスト教にせよイスラーム教にせよ、あきらかにひとつの観念体系であり、教義があり、経典があり、儀礼がある。そして、それを信仰する人たちの組織があり、固有の施設がある。宗教とはそういうものとかんがえられている。そのような、一般にかんがえられているような宗教と、市民たちの心のなかの現実の「宗教」とは、はなはだことなるのである。それでいて、かれらはそれぞれに、自分は宗教をもち、信仰ぶかい人間であると信じている。日本人の宗教生活というのは、いったいどうなっているのであろうか。日本人の信仰生活というのはいったいどういう構造になっているのか。

その構造を解明するために、若干の仮説をたてて、日本人の内面における宗教生活にさぐりをいれてみよう。

シンクレティズム

ひとつのおおきい特徴は、これはまえからもいわれている点であるが、ある宗教一本で、内面的宗教生活のすじがとおっているひとは、ひとりもいないという点である。わたしが接触したなかには、かなりつよいキリスト教信者というひともいたが、このひとの宗教心も、キリスト教で、すべての筋がとおっているというわけではなかった。否定的な表現でいえば、かれらの内面的宗教生活はわりきれていないのである。より肯定的な表現でいえば、ひじょうに包容性がつよいのである。何教でもよろしいのである。これは、従来から日本人の宗教生活の特徴としていわれていたことであるが、じっさいに個々のひとにあたってみると、このことはひじょうにはっきりしている。

人間一生の通過儀礼をとってみても、各種の宗教があらわれる。誕生後最初におこなわれるのは「お宮まいり」であろう。そのときは神道の神社に参拝する。「七五三」も神社である。結婚式は神社またはキリスト教会でおこなわれる。寺院でおこなう仏式というのもある。葬儀はほとんどが仏教式でおこなわれ、その後の年忌も仏式で行われる。

建物の新築の場合の地鎮祭は、かならず神道にのっとっておこなわれる。お盆は仏教儀礼であり、クリスマスはキリスト教儀礼である。日本人のほとんどすべてが、これらの各種の宗教儀礼に、さほどつよい違和感なしに参加しているのである。

このような現象は、従来しばしばシンクレティズムであるといわれている。しかし、わたしは、

この用語はおかしいのではないかとかんがえている。きょうここでもうしあげることは、その意味ではシンクレティズム論批判といえるかもしれない。

シンクレティズムという語を日本語に訳する場合、混淆宗教または重層信仰など、数種類の訳語があるが、通例いわれるところは、平安期の日本における本地垂迹説《ほんちすいじゃくせつ》のように、外来の仏教を在来の神道に習合させ、折衷して、ひとつのあたらしい宗教とするような場合にもちいられる。中世において発生した修験道も、神道と仏教との習合によって成立したものである。近代においては、ベトナムのカオダイ教のように、儒教、固有信仰、キリスト教、道教、仏教の「合成」によってできあがったものもある。[*1]この種の宗教における習合ないしは折衷の現象は、ふたつあるいはそれ以上の宗教が、接触し相互に影響しあう場合に、ひろく普遍的にみられる現象である。そこには教義や儀礼において混合したあたらしいひとつの宗教が発生するのである。習合という語は、宗教にかぎらず、文化一般についてもちいることができる。文化一般についていうときは、内なるものと外なるものの対立と、それをこえた接合が意味される。日本に固有文化としてあったものに、外来のものが接合された場合にいうのである。日本国内に従来からあったものを、よせあつめてなにかをくみたてても、それを習合とはいわない。習合とはシンクレティズムのひとつの特殊形態であろう。

このようなものを、もしシンクレティズムというならば、それと日本人の宗教生活にみられるような現象とは、次元がちがうのではないか。日本人はなにも、シンクレティズム的合成によってできあがったひとつの新宗教を信仰しているわけではない。日本人の場合は、ひとりの個人が、いくつかの宗教を同時平行的に信仰しているのであって、ひとつの混淆宗教を信仰しているのではない

から、混淆宗教という語はあたらない。むしろ、重層信仰という訳語のほうがより語感としてはちかいとおもわれる。しかし、このような現象についてのじゅうぶんな考察があることを、わたしはしらない。[*2]

シンクレティズムという語は、個々の宗教について、「これは何教と何教とのシンクレティズムだ」というふうにつかわれるのである。いくつかの宗教から部品をとりあつめて、ひとつのあたらしい宗教がつくられた、というような場合につかわれるべきものであろう。

＊1　カオダイ教については、つぎの記述を参照されたい。
梅棹忠夫（著）『東南アジア紀行』　一九六四年五月　中央公論社
なおこの書物には文庫版がある。
梅棹忠夫（著）『東南アジア紀行』（上・下）（中公文庫）　一九七九年六月　中央公論社〔『著作集』第六巻『アジアをみる目』所収〕
とくにその第一四章「コーチシナ平原」の「カオダイ教徒の乱」「『封建勢力』の討伐」「大道三期普度」「天上天下、博愛公平」の諸項は、カオダイ教の中心地タイ・ニンの実地訪問にもとづく記述である。

＊2　桜井徳太郎（編）『日本宗教の複合的構造』　一九七八年七月　弘文堂
この論文集は、その題名にもかかわらず、日本人の宗教生活の複合性についてはほとんど言及されていない。「序文」その他のところで「雑居性」「重層性」などの語が散見されるだけで、その実態の解明はおこなわれていない。

シンクレティズム批判については、つぎの論文、とくにそのなかの「シンクレティズムの拒否」の項をみられたい。

梅棹忠夫（著）「和と洋」『美意識と神さま』三二五―三六二ページ　一九八一年一一月　中央公論社

なお、この書物には文庫版がある。

梅棹忠夫（著）『美意識と神さま』（中公文庫）　一九八五年一月　中央公論社

最近につぎの書物が刊行されている。

佐々木宏幹（編）『宗教的シンクレティズム』「文化人類学」三　第二巻第一号　一九八六年六月　アカデミア出版会

しかし、これによって、ユーザー側からのシンクレティズム論が、いちじるしくふかめられたわけではない。

モザイク、キメラ、スライド

わたしは日本のふつうの市民との会話を通じて、それらの宗教生活をしらべているあいだに、ここにみられる現象は、従来いわれているところのシンクレティズムではない、という確信をもつにいたった。これはいったいなんであろうか。ひとりの人間の心のなかに、多種多様な宗教的要素が、それぞれの位置をしめて共存しているのである。しかもそれらの諸要素が相互にコンフリクトをおこさずに、平和裡に共存しているのである。この点はたいへん重要なことである。諸要素はきわめて安定的におさまっている。しかも原理のことなるものが相互に混合することはない。まじらずに、かなり純粋なかたちで共存しているのである。仏に対する思慕と、神に対する敬虔さの双方が、かなり純粋なかたちで両立しているのである。

このような、諸宗教原理の純粋な並存ということを、いったいどのようにかんがえたらよいのであろうか。

これは混淆宗教という訳語が意味するような「まじりあい」ではないのである。宗教施設としての寺院、神社、教会はそれぞれに独立であり、同時並存はできない。にもかかわらず、日本人の「心の場」のなかでは、それらの宗教施設をささえている諸観念、あるいは体系は、まじりあうことなく、並存しうるのである。

もちろん、純粋の並存がコンフリクト、すなわち心の内面の葛藤をともなう場合もあるであろう。一般的にはそのほうがふつうかもしれない。しかし、日本人の場合は、そのような葛藤がほとんどみられないのである。諸原理はきわめて安定したかたちで、心のなかに配置されているのである。べつないいかたをすれば、日本人の宗教についての心的状況は、モザイクをなしているともいえる。そして、モザイクの各部分のあいだには障壁がなく、容易に通過できて、べつの部分にうつれるのである。おそらくは、諸宗教間の障壁を形成しているのは、論理と、それにともなうつよい独占的・排他的情緒であろうが、日本人の心のなかの宗教には、そういうものが欠如しているのである。

モザイクというならば、キリスト教会におけるステンドグラスがおもいうかべられるであろう。それぞれのガラス片は純粋な色彩をたもちつつ、となりのガラス片とのあいだには、あきらかなふとい区画の線があり、相互の色彩の混合をさまたげている。

その点では、日本人の宗教心は、モザイクというよりもむしろキメラというほうがいっそう適切な表現であるかもしれない。キメラというのは、植物でぜんぜんちがった種類のものが接合されて

できあがった接木体のことである。もともとはギリシャ神話において、ライオンの頭、ヤギの胴、ヘビの尾をもった怪獣キマイラに由来する語である。このようにちがった性質のものが、ひとつの個体のなかに統合されているという点で、日本人の宗教心は、キメラというべきかもしれない。

いま、モザイクといいキメラといったが、それはいずれも心的状況を抽象化して、あたかもひとつの平面ないしはひとつの立体像になぞらえているのである。しかし、現実には、心のうごきはつねにタイム・シークエンシャルである。時とともに心をきりかえているのである。ある瞬間をとれば、心を支配しているものは、つねにある種の純粋な宗教である。しかし、べつの瞬間には、またべつの純粋な宗教が心をみたすのである。スライドをさしかえれば景色がかわるようなものである。前後のスライドにはなんの関連性がなくてもさしつかえない。

☯メーカーの論理とユーザーの論理

あるひとりの中年婦人のケースであるが、お不動さんに毎月、月まいりをするという。かなりの年配であるが、山道をのぼって、お不動さんにおまいりする。そして、そのかえり道に、あるお宮におまいりする。それぞれにまことにすがすがしい気もちになるという。お不動さんにおいては、多少の現世利益の期待もあり、将来のしあわせをいのっているという。かえりにお宮によって、さらにきよらかに心あらわれて、家にかえる。この老婦人は、ある家庭でお手つだいさんをしているのであるが、月一日は主家から暇をもらって、おまいりをつづけているという。

このような現象を整理して、理解できるような論理があるであろうか。いままでの宗教研究と、わたしがいま問題にしようとしている宗教現象とはどこがちがうのか。

この点について、わたしはひとつのアナロジーで説明はできないか、とかんがえている。それは、宗教現象に産業のアナロジーを適用してみようということである。

産業には、生産者があり消費者がある。宗教現象にも、その両者の立場のちがいがあるのではないか。従来の宗教研究というのは、そのほとんどが商品生産におけるメーカーの側にたってものをみている、とおもわれるのである。わたしがここでとりあげているのは、それとはまったくことなって、もっぱらユーザーの側からものをみようとしているのである。

わたしはこのメーカーとユーザーとの立場のちがいというものにおもいいたったときに、さまざまな疑問がとけたようにおもった。従来の宗教論は、ほとんど全部がメーカーの論理にもとづいて、メーカー側からものごとをみているのである。わたしがとらえようとしているのは、宗教における消費の問題であって、最初にあげた例のような日本民衆の宗教生活において発露しているのは、ユーザーの論理ではないか。

メーカーの論理とユーザーの論理とでは、おおきく様相がことなる。ものを生産するにも、産業面、すなわち生産者の側から光をあてるのと、生活面、すなわち消費者の側から光をあてるのとでは、われわれの物質文明を解釈する場合に、おおきくことなってくるのである。

このアナロジーを適用するとすれば、従来の宗教研究においておおきな比重をしめてきた、仏教の研究とか、神道、道教、キリスト教、イスラーム教の研究は、いわば巨大メーカーをめぐる産業

論なのである。それぞれの巨大メーカーの経営理念、生産組織、販売戦略などの問題である。そこでは、それが末端の消費生活において、どのように使用されるか、ということはほとんど問題にされない。その論理にあっては、ユーザーはつねに「末端」視されるのである。

消費者の単位を、個々の家庭であるとすれば、メーカーの論理は、その家庭内における家財をすべて自社のブランドのもので独占することをかんがえているのである。フィリップスならフィリップスの製品で独占する。しかしながら、家庭におけるユーザーの論理はそれとまったくことなっている。炊飯器はナショナルで、冷蔵庫は日立、テレビはソニー、そうじ機は東芝、というぐあいで、すこしもかまわないのである。つかうほうでは、ブランドなどは気にしないでおこうとおもえば、すこしも気にならないことである。宗教もおなじことで、仏教であろうと神道であろうと、いっこうにさしつかえない。

☯ブランド指向

ある宗教の熱心な信者というものは、こうみれば、けっきょくは一社の商品に対するブランド・ロイヤリティがひじょうにたかいひとだ、というにすぎない。家電製品についても、よく三菱信者、サンヨー信者などといわれるが、うちはすべて三菱製品とか、すべてサンヨーとかでそろえようとするたぐいである。熱心なキリスト教信者とか仏教信者とかはそれにちかい。なるだけ、自分の生活のすべてをひとつのブランドのものでそろえたい、という願望のあらわれである。それは精神の

内部における均質性への願望、ないしは統合への欲求であるかもしれない。それはメーカーの論理となるだけ対応したかたちで、自分の消費生活におけるユーザーの論理を形成してゆこう、という心的態度にもとづくものであろう。

ヨーロッパでは消費生活においても、このような一元的なブランド信仰がかなりつよいようであるが、宗教においても、キリスト教の圧倒的な一党支配がおこなわれている。ただし、その場合も、キリスト教内部におけるブランドの細分化は進行しているようである。たとえば、あそこの教会のマリアさまは目の病気にご利益があるとか、あそこのマリアさまは手足の病気によくきくとか、新車をかった場合は、ナポリのある教会でおはらいをうけるとよいとか、である。その場合、ユーザーである大衆は、細分化されたブランドをユーザーの論理にしたがって選択しているのである。

日本民衆における宗教生活は、ユーザーの論理にしたがった、自由選択性が原理になっている。いわば、宗教におけるブランド・ロイヤリティはひくいのである。そうかんがえると、従来の宗教研究ないしは宗教史研究は、そのほとんどすべてがメーカーの研究である。産業研究であり、産業史研究である。業界の構造の研究であり、企業史の研究である。あるいはひとつの企業の社史の研究である。それは民衆の消費研究ではなかった。

わたしの手もとにも、各宗教団体から、その宗教の歴史をのべたりっぱな書物がおくられてくるが、それは、いわば完全に社史である。個々の企業をこえた研究の場合も、宗教史研究はおおむね産業史研究に類する。それに対して、ユーザー側からの消費の研究がさかんになってもいいはずである。消費とは生活のことである。生活に基礎をおけば、多様なる商品のなかから、なにを選択し、

どのような家庭システムをつくっていくかということは自由である。

宗教の家政学

このようにかんがえると、現代における宗教生活の問題は、じつは家政学の一種だとかんがえてよい。わたしがやろうとしているのは、家電メーカーの製品の技術論的研究や、経営論ではなく、家庭の側から宗教に照明をあてようということである。まず現状認識として、日本人の精神生活において、各種の宗教がどのように、場合、場合に応じて取捨選択されているかを認識し、さらにそれらをどのように配列すればよいかをかんがえる。これはまさに家政学の一種であろう。

現在すでに、各家庭における器物の配置の研究などがすすめられているが、たくさんの事例をあつめてみると、いろいろおもしろい現象がわかってくる。たとえば、ひとつの客間のなかに、どのような器物がどのように配置されているかが、分析されている。どのような器物と器物とがつよい結合関係をもっているのか、ということもわかってくる。たとえば、ピアノのうえにしろいレースの編みものがかかっている。ピアノとレースとの結合はきわめてつよい。こういう現象はなにを意味するのかよくわからないが、宗教現象にもこの種の、家政学的ないしは考現学的手法がじゅうぶんにもちいられるのではないか。たとえば、自動車と成田さんのお札《ふだ》との結合関係はきわめてつよいであろう。愛宕《あたご》神社の火の用心のお札と台所との結合もきわめてつよい。

このような結合は、メーカー側の論理からいえば、もともとあまり必然性はなかったはずである。

このような例は、おそらくは、ユーザーたちの選択によって形成され、それがメーカー側にフィードバックされた結果であろう。このような考現学的手法による家政学というものは、おおいにこころみられてよい。それは、家電メーカーや楽器メーカー、家具メーカーなどでおこなっている研究とはまるでちがう性質のものである。メーカー側からいえば、市場におけるシェアをいかにしてたかめるかが問題であろう。ユーザーの論理はそれとは無関係である。

　このような議論は、宗教の本質をついていないという批判が、もちろんありうるであろう。わたしはしかし、ここで宗教の本質あるいは日本宗教の本質を問題にしているのではなく、日本人の宗教生活の実態を問題にしているのである。ここでとりあげているのは、日本人の宗教生活の文明論的状況なのである。どの宗教がどの宗教に影響をおよぼしたというような文化論の問題ではもちろんなく、また、日本人の信仰心の問題でもない。わたしのいっているのは、心の問題ではない。文明論というのは心の問題にふれないのである。心にたちいらずして宗教の問題が論じられるか、という疑問もあろうが、ここでの方法は、徹底的な現象論的方法である。日本人の宗教生活において、どのような現象がおこっているかを、客観的にしらべてみようというのである。わたしがどのような信仰をもっているか、というようなこととはまったく関係のないことである。そのような人間論的考察については、わたしにも多少の意見がないではないが、それについては、この席のような文明論の討論場では、話題にすべきではないとかんがえている。

モノポリー化

ここのところに、わたしのこの話が、単なるアナロジーをこえて、本格的な文明論になりうるかどうかのきめ手がある。だいたい、現代の工業というものの基礎はなにによって用意されたのか。工業の論理は、じつは宗教がつくりだしたものではないか。今日の工業にみられる激烈なるシェアあらそいは、まさに中世以来の宗教間の激烈なるシェアあらそいがつくりだしたものではないのか。今日の工業におけるメーカー性というものは、じつは宗教がさきにそのパターンをつくりだしていたのではないか。宗教教団の巨大な発達ということを前提にしなければ、工業の論理も成立しなかったのではないか。さもなければ、工業製品もまた、水産物や農産物のレヴェルに埋没してしまったのではないだろうか。

じつは、ユーザーの存在そのものがメーカーがつくりだしたものである。メーカーにとっては、ユーザーはいてもらわなければこまるのである。メーカーは手段をつくしてユーザーのむれをつくりだす。しかしながら、ユーザーになるかならないかの選択権はユーザー側にある。ユーザーの存在ははじめからきまっているのではない。大衆はつねに潜在的ユーザーなのである。それを顕在化させるのは、メーカーの力量次第である。

宗教においても、おなじようなことがあるのではないか。宗教においても、大衆はつねにマーケットである。それは、潜在的ユーザーを顕在化させるための装置である。

現代において、メーカーとユーザーという相補的対立関係の論理が、われわれをつよくしばっているのは、じつはそのまえに、宗教によって、おなじような相補的対立関係が用意されていたからである。日本などでは、宗教間のシェアのうばいあいは比較的ゆるやかなものであったが、ヨーロッパなどにおいては、激烈なる闘争をうみだしたのである。それはつねに、モノポリーをめざす猛烈な努力をともなっていた。ヨーロッパでは、カトリックおよびプロテスタントが、それぞれの地域においてモノポリー化にほぼ成功したのである。それにともなって、メーカーの論理とユーザーの論理がひじょうにちかいものになっているのである。

ヨーロッパの人たちはこの点に気がついていない。われわれがこういうことをいいだしたことの意味は、文明論的にみて、われわれがヨーロッパとちがう社会の人間だ、ということである。ヨーロッパからみれば、日本人の宗教生活は未発達で低級ででたらめなものだ、とみえるかもしれない。しかし、それはまちがっている。日本はヨーロッパのような一宗教による社会のモノポリー化がすすまなかっただけのことである。そのことをわれわれはいわなければならない。

宗教もまた工業と類似のものである。ある歴史的段階にいたって、はじめて人間の精神的支配ということがおこってくるのである。それは、歴史の産物である。人間の本性などということはほとんど関係がない。

仏教と道教

このメーカー・ユーザー論理の議論が、歴史のなかで具体的に適用できるかどうかをかんがえてみよう。世界史のなかでいえば、日本は工業的後進国であった。そこへ、外国の先進工業国家群で形成されたメーカーがどっとのりこんできたのである。

それによくにた状況が日本古代国家の成立期にあったとみることができる。宗教的後進国に対して、大メーカー群がつぎつぎとのりこんでくる。日本の近隣諸国家においては、すでに大メーカー型の宗教がいくつもできている。それはすでに国家の支配体制と密着している。それが日本にのりこんできて、あたらしいマーケットの全国支配をやろうとする。そのなかで、いちばんの大メーカーが仏教であった。そのほかに道教がある。

道教はあきらかに古代日本に導入されている。わたしはしかし、この点については、道教は大メーカーとしては日本に上陸しなかったとかんがえている。メーカーとしてはそういうものは存在しなかったが、ユーザーがひそかに密輸のかたちでとりこんだのであろう、というかんがえである。

このかんがえを、道教の専門家の窪徳忠氏にはなしたところ、「密輸はひどいな」といわれる。窪さんのかんがえでは、密輸ではなく、道教はもともと部品のメーカーなのだ、という。道教は部品を生産して、日本に上陸まえのメーカーたちにうりつけたのだ、という。仏教も儒教も、道教の部品をかって、自分の体系のなかにとりこんでいるのである。だから、はいってくるときには、ブ

ランド名は仏教という名になっているが、中身のかなりの部品は道教製なのだ、という。

中国では、儒・仏・道の三大企業がたがいに部品を融通しあっているのである。場合によっては、自社ブランドの完成品もだすが、部品として融通しあっている部分がかなりおおい。そのなかで、仏教だけが大企業として日本上陸をはたしたのである。そのなかみには、儒教も道教もかなりのものがまぎれこんでいたというのが、窪氏の指摘であった。

大メーカーは、ときには競争相手を圧倒して併合する。あるいはまた、いくつかの系列に分解する。場合によっては、つぎつぎに子会社をつくる。ときには同系列会社の競争もおこる。おなじ自社製品でありながら、多少品質のおとるものを、社名のちがう子会社の名で売ることもする。ユーザーの立場からすれば、それでもよいのである。多少やすものくさくても、値段がやすければ、それなりのユーザーがつく。これらの工業活動における事象は、ほとんどそのまま、宗教についてもおこっていたのではないだろうか。仏教自身も、大陸においてすでにいくつかに分派し、それがつぎつぎと日本列島に上陸してくる。そして相互に競争する。多少いかがわしい内容のものも、それなりにまかりとおる。

大メーカーがかならずしもユーザーに直結しているわけではない。メーカーにも二種類あって、末端の販売によって、ユーザーと直接むすびつく場合もあり、場合によると、国家権力と直接取引をするものもある。日本のメーカーでも、零細な雑貨を海外で民衆にうりさばく、というかたちのものもあり、いきなり外国政府を相手に、巨額のプラント輸出をおこなっているものもある。

現在、アフリカの内部において進行しつつあるイスラーム勢力の拡大は前者の例であろう。古代

東南アジア諸国におけるヒンドゥー教は後者の例である。東南アジア諸国においてヒンドゥー教は、いきなり国家形成の原理として利用されたのである。日本の仏教もそれに類するものであったかもしれない。

このようにしてみると、やはり、工業と宗教とのあいだには、かなりの平行現象があるといわなければならない。

☯ディーラー

宗教を工業に対比させてかんがえると、メーカーとユーザーのほかに、当然、ディーラーというものが存在するはずである。つまり、生産と消費のあいだには、流通ということがあるはずである。宗教においては、その点はどのようになっているだろうか。工業においては、ディーラーというものは、工業における本社と特定の契約をむすんで商品をだしてもらい、店でうる人たちである。宗教においては、宗教団体の本部の認定のもとに、ユーザーが直接やってくる宗教施設を開設するのである。民衆のあいだに存在する寺院、神社、教会などはそれにあたるであろう。

ディーラーにはまた、中間的な問屋、卸《おろし》などがある。宗教施設においても、別院、中本山などの組織があり、神道各派においても地方本部が存在する。全体としては、セクトごとの本末関係が成立しているのがふつうである。

日本の場合は、ユーザーからディーラーへの転化もしばしばおこる。日本では、ひとりひとりの

個人が企業を創立することはまったく自由である。戦後おびただしい数の群小企業が成立したが、そのなかのあるものは倒産し、消滅した。あるものはよりおおきいメーカーないしディーラーとむすびついて、事業を展開した。おなじように、戦後の日本には、おびただしい数の群小宗教団体がうまれでた。そのかなりのものは、もともとはどこかの宗教団体のユーザーであった人たちである。それが自立して、あるものはまもなく消滅し、あるものはかなりのおおきさの宗教団体に成長する。この場合は、系列化はむしろあまり進行しないで、すべてが自立した自営業である。しかし、そこで販売される商品は、たいていは既成の宗教の部品のあたらしい組みあわせである。

すでに、日本においても、大宗教によるモノポリーは完成している。かれらはつねに巨大なカルテルをくんでいる。ヨーロッパ世界におけるキリスト教は、いうまでもなく、巨大なカルテルあるいは国際コンツェルンである。それは圧倒的な力をもって、新興の群小宗教にのしかかってくる。日本の場合は、コンツェルンの規制がややよわく、なおかなりの新興勢力を誕生させる余地があるようにおもわれる。

☯ 経済アナロジー

工業社会はどこからでてきたか。工業社会の系譜については、わたしは従来、農業社会からの直接の派生物、というかんがえをとってきた。しかし、ここに概観したようなかんがえかたをとれば、むしろその組織原理を提供したものは、宗教であったというかんがえがなりたつであろう。

宗教の基本的原理になっているものは、ある種の取引である。それはときには物質の交換をともない、ときには物質の移動をともなわずに精神的な取引がおこなわれるのである。その点をかんがえると、宗教と商業との結合もまた、おおいに意味をもつであろう。キリスト教あるいはユダヤ教において、神との契約という観念がひじょうに重要視されるのももっともなことであろう。

宗教もまた、ひろい意味での情報産業の一種である。*メーカーにおいて神聖化という特殊処理をほどこした情報を、ユーザーたちがなにがしかの代価を支はらってかうのである。そこでかいとられるものは、感覚情報の一種であって、それはある種の快感をもたらすものである。人びとは快感情報をかうのである。それは単なる身体的快感にとどまらず、精神的恍惚感にいたるまでの、壮大な快感の体系である。

このような原理をいっきょに文化一般にまで拡大することはできないであろうが、宗教をはじめとして、さまざまな文化において、このような経済現象にも対比できる交換の原理が作用している。なにものかをささげることによって、なんらかの文化的情報が獲得できるのである。極端ないいかたをすれば、文化の研究とは、それぞれの個別文化のなかでの交換価値の研究であるといってもよいかもしれない。あるいは、個々の文化におけるモネタリー・システムの研究であるといってもよいであろう。宗教もまた、すくなくとも、経済現象とのアナロジーをかんがえることができるであろう。

ここでひとつ、なおとけない問題がある。ユーザーの立場にたって、なんらかの代価を支はらって、快感情報を手にいれるということは了解できる。わたしにとって理解がむつかしいのは、むし

ろメーカーの立場である。信仰を人びとに提供したいというのは、いったいどういう種類の衝動なのであろうか。工業資本家が工業に資本を投じて、おおいに財産をつくり、それでなにかを買うというのならわかる。それならばやはり買うほうの話、つまりユーザーの立場である。それに対して、品物をつくっておおいに売りまくってやろうという衝動はなにに由来するのか。

　それは宗教の場合もおなじである。宗教が提供するのは、なんらかの意味での、人生におけるパスポートであろう。しかし、なんのためにこのパスポートの大量発行をおこなうのか。その点がわからないのである。

　工業家においても宗教家においても、メーカーをささえる衝動は、自己拡張ということであるかもしれない。なんのためにというよりも、自己を拡大することそれ自体が意味をもつのである。一種のエクスパンショニズムである。それはむしろ、メーカーというよりはディーラーの立場をささえる論理であるかもしれない。ディーラーたちはまさに聖なる情報の拡散をとりおこなう使徒であらねばならないのである。

＊　情報および情報産業については、つぎの書を参照されたい。
梅棹忠夫（著）『情報の文明学』（中公叢書）　一九八八年六月　中央公論社〔「著作集」第一四巻『情報と文明』所収〕
梅棹忠夫（著）『情報論ノート』（中公叢書）　一九八九年三月　中央公論社〔「著作集」第一四巻『情報と文明』所収〕

エッセイ　梅棹家の宗教生活

その一　神がみの正月

解説

『朝日新聞』の文化欄に、お正月における神の存在についてかけというので、これをかいた。やはり、美意識と神さまにかかわる。わたしの汎神論とその限界についての表明である。*◆

＊梅棹忠夫（著）「神々の正月——伝統主義と合理主義の中で」『朝日新聞』一九六六年一月四日

◆この文章はのちに「著作集」第一九巻『日本文化研究』に収録された。

正月三が日は、祝膳《いわいぜん》でおぞう煮をいわうのがわたしの毎年のしきたりである。朱塗《ぬ》り定紋いりのお膳とおわんは、わたしのたべぞめのときに、母の実家がいわってくれたものだときいている。

祝膳にも神さま

子どものころ、わたしのきょうだいたちも、みんな自分の祝膳をもっていた。男の子のは、おおきくてひくかった。女の子のは、外側が黒で、脚がたかかった。丁稚《でっち》や女子衆《おなごし》のは、ちいさくてひらたかった。わたしの家は大家族だったが、正月には家族も奉公人もみんないっしょに、ならんでぞう煮をいわった。いっせいに「おいわいやす」とあいさつして、おはし紙を手にとるのだった。そのすがすがしい儀式感覚が、いまでもわたしの心のなかにいきいきとよみがえる。

子どもたちはおおきくなって、みんな独立していった。そのとき、それぞれ自分の祝膳をもっていった。妹たちも、お嫁にゆくときに、紋のついたお膳とおわんをもっていったはずである。みんないまでも、お正月にはあのお膳でおぞう煮をいわっているだろうか。

わたしは、家庭のしきたりについては、かなりきびしい伝統主義者であるようだ。いろいろなつごうで、むかしどおりの正月をすごすことはとうていできなくなってしまったが、できるかぎり、わたしが父からつたえられたとおりのものを再現したいとおもうのである。おぞう煮はもちろん京風の白みそでなければいけないし、おわんいっぱいの、おかしらイモがなければいけない。大みそかには半紙をおって水引《みずひき》をかけ、おはし紙をつくる。おはし紙に、毛筆で家族ひとりひとりの名をかくのは、家長のつとめである。おはし紙の第一号は、もちろん「神」である。正月の行事は神事である。正月の食卓には、神が降臨したまうのである。

わたしが独立して家庭をもったころは、戦後のひどい時代で、ろくにおぞう煮もいわえなかった。子どもがうまれたが、あたらしい定紋いりの朱塗りの祝膳を、あつらえてやるどころではなかった。

わたしはいまでも、毎年正月になると、かわいそうにおもう。いまからでもよい、新調してやりたいのである。

わたしの父の家では、正月には、いたるところ神がいたもうた。神だなには、あかあかとお灯明がともり、店や床の間にはおおきなおかがみ餅がすわっていた。電話のまえにもおかがみがあった。自転車にも一台ずつ、しめかざりがついた。

汎神論への抵抗

わたしの代になって、もはやそういうことをしなくなった。しかし、わたしは、やはりそれを復活したいのである。テレビや冷蔵庫にもおかがみをそなえたい。テレビや冷蔵庫にも、神がみはいたまうからである。自動車にも、しめかざりをつけたい。自動車に神がおられぬわけはないからである。こうして、すくなくとも正月には、神の所在をきちんと形にあらわすことによって、わたしたちがすんでいるこの世界の、精密な汎神論《はんしんろん》的構造を、しっかりとわが子どもたちの心にうえつけておきたいのである。

家庭のなかに、汎神論的世界を再構築しようとするわたしの努力は、しかし、強力な抵抗にあって、のびなやんでいるのが実状である。じつは、妻が抵抗するのだ。妻は、いっさいの伝統的行事に対して批判的である。復活はおろか、かろうじていままでつたえてきたものさえも、廃止しようとする。できることなら、正月らしい行事などなにもしないで、日常どおりですまそうとする。わたしのだいじな祝膳さえ、今後、うっかりするととりだしてもらえないかもしれないのだ。子ども

たちに、いまだに祝膳をあつらえてやれないのは、ひとつには、父親と母親のあいだで合意が成立しないからである。

正月がちかづくと、わたしの家庭では、ひそかな、しかし、はげしい思想闘争がくりひろげられる。わたしは、この国土、この都、この家にすみたもうて、われら民族のすべて、文化のすべてをまもりたまうおおくの神がみのために、なんとしても神事をとりおこなうべきだとかんがえる。妻は、透明な合理主義の立場から、過去の文化なんか問題にしない。わたしは妻を、軽薄な文化破壊者となげき、妻はわたしを、がんこな形式主義者と非難する。

この思想闘争において、わたしのほうが土着主義的伝統主義者であり、妻のほうが開明的な近代主義者であることはまちがいない。しかしながら、このあらそいを毎年くりかえしているうちに、わたしは、すこしちがった解釈もあるとおもうようになった。

神をおそれる心

妻のいい分によれば、わたしの神さまごとというのは、要するに一種の「正月の美学」を完成するための小道具にすぎないではないか、というのである。趣味の満足のために神さまを利用してはいけない、というのである。

わたしは、妻にいわれて気がついたのだが、正月におかがみをそなえるといっても、わたしの家には、床の間がない。それに、そもそも神だなというものがないのである。なぜ神だなをまつらないかといえば、たしかに、あの神だなというものは、デザイン的にきらいなのだ。やっぱり美学の

問題であったか。

妻は、神さまを「もてあそび」にしてはいけないという。妻がいっさいの神事をおこないたがらないのは「さわらぬ神にたたりなし」という原則からであった。おどろいたことには、妻は、神のたたりを信じていたのである。伝統的形式尊重主義者のわたしの心のなかよりも、文化の破戒と暴虐をほしいままにする妻の心のなかにこそ、神信仰は生きていたのであった。

日本の神についての観念を、わたしと妻と、どちらがよく次代につたえることができるであろうか。

その二　家庭における神と芸術

解説

これは、一九五九（昭和三四）年の秋、朝日放送のもとめに応じて執筆したものである。当時、朝日放送の連続ラジオ番組に「新女性読本」というのがあり、この原稿は五日間にわたって、その時間に放送された。

この時間は、執筆者が出演するのではなく、できあがった原稿をプロデューサーにわたし、それをアナウンサーが朗読するという形式のものであった。したがって、この原稿は活字になっていない。しかし、さいわいにして孔版の放送台本がのこっていたので、ここに収録することができた。

放送は五回にわけておこなわれたが、その日時は放送台本にも記入がなく、ざんねんながら一九五九年一〇月という以上のことはわからない。

朝日放送が、「新女性読本」というような女性むけ番組の原稿を、見当ちがいともおもわれるわたしのところに依頼された理由は、おそらくは、わたしがその年の正月以来、新聞や雑誌でいくつかの家庭論、女性論を執筆し、それがかなり評判をよんだからであろうとおもわれる。それらの家庭論、女性論は、べつに一本にまとめる機会があろうが*、この「家庭における神と芸術」は、家庭論、女性論というよりは、日本固有文化における神学と美学の問題をあつかっているものとかんがえ、ここに収録した。これはいわば家庭における「神がみの考現学」というべきものであろうか。

＊　これらの文章は、のちに他の関連する諸論稿とともにまとめて、つぎの書物として出版された。
梅棹忠夫（著）『女性と文明』「梅棹忠夫著作集」第九巻　一九九一年二月　中央公論社

神がみのまきかえし作戦の成功と失敗

このごろは、神さまの話をすると、みんなわらいだします。それほど、神さまというものは信用をなくしてしまいました。とはいっても、この世のなかからすべての神さまが姿をけしてしまったわけでもないし、家庭のことだって、やっぱり神さまにかかわりあう部分がないではありません。現代ふうなあたらしい家庭で、神さまが、どんな役わりをもっているかをかんがえてみることも、むだではありますまい。いわば、家庭における「神がみの考現学」であります。

めざましい文明の前進のまえに、神さまたちは、一方的におしまくられたようにみえますが、じつは、かならずしもそうではなかったのです。歴史的にはむしろ、かなりあたらしい時代にはいってから、神がみのまきかえし作戦があったのです。

そもそも、わたしたち日本人には、あたらしい家庭をつくるときの儀式としての結婚式に、神さまなんかに立ちあってもらうという発想も習慣もなかったのです。男女の結婚ということは、すぐれて人間的ないとなみであり、そういう場合に人間以外の存在が介入する余地は、まったくありませんでした。結婚式はすべて人前結婚であったのです。

ところが、明治になってから、結婚式に神さまが姿をあらわしはじめます。神前結婚というふしぎな習慣が普及しはじめ、神さまのなかからも、出雲の神さまなどという、男女媒介の専門業者が

あらわれてきます。昭和の年代にはいってからは、おおかたのわかい男女は、結婚というものは、神さまのまえでするものだ、とおもうようになってしまいました。まきかえし作戦はりっぱに成功し、この時期に、日本人はおおいに「神さまづいた」のであります。

もっとも、神さまであれば、なんでもよいのであって、出雲の神さまでも、天神さまでも、キリスト教の神さまでも、なんでもかまいません。キリスト教徒でなくたって、キリスト教の教会で結婚式をあげるひとがたくさんあります。なに神さまでもかまわない。どうせ効能がきにそうたいしたちがいはありませんから。

じっさい、結婚式に神さまが立ちあったところで、効果のほどはしれたものです。結婚式場の雰囲気に、いささかの厳粛さと多分の滑稽さをあたえるという点では、演出効果もないではありませんが、あとの結婚生活に対しては、なんの効果もありません。それでべつに離婚がへるわけでもありません。はじめから、そういうこととは無関係なのです。神前で結婚式をあげることと、結婚生活をいとなむこととは、完全にべつのことだったのです。

神さまのほうでも、そんなことは、先刻ご承知であって、結婚式がすんでしまえば、そのあとの人間的ないとなみには、いっさい介入しないというのが神さまの方針であります。お寺のほうが、死んだときの立ちあいだけをひきうけて、それ以外のことには介入しないのと似ています。もっともこのごろは、お寺も結婚式に手をだしました。仏前結婚というのがあるそうですね。こうなりゃ神仏連合して、結婚立会業同業者組合でも結成するとよいのですよ。

明治以後の、神がみのまきかえし作戦といっても、しょせんこれだけのものだったのです。それ

は、変貌するあたらしい時代のなかで、神さまが生きるためのひとつの職業をみつけた、というにすぎないのです。日本の神がみに皮肉をいっているのではありません。とにかく、ここまで徹底的に、「神さまばなれ」しているというのは、現代日本の家庭の、文明史的な特徴のひとつであることはたしかです。そして、よかれあしかれ、これでゆくより仕かたがないこともたしかであります。

〔追記〕神前結婚の起源

本文にしるしたように、神前結婚という習慣はそれほどふるいものではない。通説によれば、明治三三（一九〇〇）年、皇太子嘉仁親王（大正天皇）のご成婚にあやかって、東京大神宮において一般人の結婚式がおこなわれたのがはじまりであるという。それ以後、しだいに増加し、戦後の大流行となった。

ただし、神前結婚式という形式が創案されたのは、もうすこしふるい。明治二〇年代に、出雲大社ではすでに大社式の結婚式次第を制定している。創始者は、おそらくは出雲大社教の初代管長、千家《せんげ》尊福《たかとみ》である。そしてそれは、当時勢力を伸張しつつあったキリスト教会による触発の結果ではないかと、わたしは推定している。キリスト教会の神が日本の神がみの奮起をうながしたのである、

なお、この問題については、べつの論文があるので参照されたい。*

* 梅棹忠夫（著）「日本探検（第七回）出雲大社」『中央公論』一月号　第七六年第一号　第八七八号

一三五―一五一ページ　一九六一年一月　中央公論社
この論文は、次の本に収録されている。
梅棹忠夫（著）『日本探検』　一九六〇年一一月　中央公論社〔「著作集」第七巻『日本研究』所収〕

神さまの格づけと小型電気洗濯機について

神がみの考現学、第一部で、わたしは、神さまの同業組合についてお話しました。それはいわば、町のなかに店をかまえた、堂々たる神さまの話でありました。神がみの考現学、第二部では、もっと小がらな神さまたち、そのへんを遊行し、あるいは、もっぱら、そのへんの道具やら品物やらのうえにやどっているかわいらしい神さまたちの運命について、お話しなければなりません。

大勢としては、その神さまたちの運命も、悲観的であります。わたしたちは、平気で本を足でけとばすようになったし、ホウキをまたいでもバチはあたらないということをしっています。われわれ日本人の日常生活をとりまいて、いきいきと躍動していた、けんらんたる汎神論的世界も、ようやく生気をうしないつつあるのでしょうか。

ときには、おもわぬ場所に、わたしたちがちいさいときからよくしっているなつかしい神さまが、光栄ある伝統の光にかがやいて、ひょこっと顔をだす。ほんとうにおもわぬ場所に、たとえば、あたらしい時代の産物、電気洗濯機のなかに、であります。

わたしの妻が、台所のふきんがよごれやすくて、洗濯に追われる、とこぼしています。そこでわたしはいいます。「そんなもの、電気洗濯機であらえばいいじゃないか。洗剤をほうりこんで、ス

イッチをひねればおしまいだ」。しかし、妻は抵抗します。「そんなことができるもんですか。電気洗濯機は、泥だらけの子どものズボンやら、パンティーやら、クツシタやらをあらいます。そんな機械で、食器をふくきれを、どうしてあらえるものですか」

「どうもわからないね。洗濯機のなかをきれいにあらっておきさえすれば、おなじことじゃないか」、わたしはこう反論します。しかし、「わからない」というのは、もちろんウソであります。わたしには、この「けがれ」の感覚は、よくわかっています。むかしから、上《かみ》バケツ、下《しも》バケツの区別があり、洗濯たらいだって、上半身の着ものをあらうたらいと、下半身のたらいとを区別していた家のあることもしっています。

もちろん、そんな区別をしてみても、衛生学的にはほとんど意味がないのです。しかし、だからといって、そういう区別のバカバカしさをあざわらってみたところで、これまた意味がありません。はじめから衛生学的な意味での清潔の問題とはちがうのです。問題はもっと、神学的なものです。神の感覚にかかわるものです。

じっさい、わたしの妻はいいました。「いいえ、それはネ、清潔という点からいえば、ふきんはあとで、熱湯消毒をすれば、それですむでしょう。だけど、ふきんの神さまはどうなりますか」。彼女の説明によれば、ふきんにも、クツシタにも、洗濯機にも、それぞれ固有の、内在する神さまがある。その神さまのあいだには、やはり格のちがいがあり、順位がある。われわれがかってに、その秩序をみだすことはできない、というのです。クツシタやパンティーをほうりこまれる洗濯機の神さまは、清浄を業とするふきんの神さまより、あきらかに格がひくいのです。

近代化のすすんだ日本の家庭にも、伝統的な神学は成立しているのであります。そこで、伝統的神学と、家庭の近代化との矛盾を解決するためには、どうすればよいか。それは、あたらしい神さまをつくることです。いまの例でいえば、ふきん専用の電気洗濯機を台所にそなえつけることです。これは、ふきん専用ですから、神さまの格はたかいのです。

ところで、ごくちいさい電気洗濯機などというものが、ほんとうにできるでしょうか。ある電気器具メーカーのひとに相談したら、技術的にはできるそうです。量産をはじめたら五〇〇〇円ぐらいでできるといいます。そうしたらハンカチ一枚、クツシタ一足だけでも洗濯できて、とくに独身生活者にはよろこばれるでしょう。ただし、もちろん、クツシタなんかあらったら、神さまの格はおちます。神さまの格をどのへんにたもつかは、つかうひとの問題です。メーカーは、そんなことにかまわずに、ひとつ試作してみてはいかがでしょうか。きっと売れるとおもうのですが。

工業的大量生産と神がみの復活

子どものころ、わたしは、たくさんの神さまといっしょにくらしていたようです。台所のかまどのうえには神だながありました。よくはわからないんですが、何種類かの神さまがならんでいたようです。いちばん左に荒神《こうじん》さまがあり、サカキがたっていました。「火の要慎」とかいた阿多古《あたご》さんのお札《ふだ》がありました。土でつくった黒びかりのする「布袋《ほてい》さん」のような人形がたくさんならんでいました。これもやはり神さまの一種にちがいありません。

その時代には、神がみの世界と人間の世界とのあいだには、さまざまのルールにしたがう交渉が

ありました。かまどのうえには刃物をおいてはいけない。ホウキをまたいだら、ホウキの神さまがおこる。お裁縫の針の神さまのために、娘たちは、年に一どは針供養という儀式をとりおこないました。しかし、すべてはすぎさってしまいました。

いまはもう、わたしの家では、かまどがなくなり、ガス・レンジにかわるとともに、神だなもなくなってしまいました。荒神さまも、阿多古さんのお札も、黒びかりする布袋さんも、刃物をおいてはならぬというタブーも、みんなきえてしまいました。ホウキは電気掃除機にかわり、お針はミシンにかわった。神がみと人間との交渉を規制していたルールは、すべて過去のものになってしまいました。

つめたくひかる金属とプラスチックの機械をみていますと、そのなかに神さまがやどっているという実感は、やはりとぼしいのであります。しかし、神がみはもう、金属とプラスチックの家庭器具をみすてて、どこかへ立ちさったのでしょうか。

その答はまだ、性急にだすことはむつかしいとわたしはおもっています。場所には場所の神さまがあるように、物には物の神さまがあります。近代工業は物の大量生産システムを完成しましたが、それは同時に、物神《ものがみ》さまの大量生産をも意味しないでしょうか。

そういう徴候はないでもないのです。正月になるとわれわれは、家庭のなかで、重要な神さまがやどっているとおぼしき場所に、しめかざりをつけ、あるいはお鏡餅をそなえます。そのとき、玄関、座敷、床の間、便所などのほかに、たとえば電話機のまえにもおカガミをそなえるのは、ふつうのことであります。また、お正月に街にでてみると、自転車や自動車が、まえにしめかざりをつ

けてはしっているのがすくなくありません。そこには、あたらしい物神さまが生きています。神がみの大群が自転車や自動車にのって、街をはしっているのです。神がみは、工業製品とともに大規模に復活しようとしているのでしょうか。

　じっさい、これはむつかしい問題です。まだかんたんには予断をゆるさないのです。だいたいにおいて、家庭における神がみのやどり場は、電話、自転車、自動車などの例がしめすように、やはり耐久消費財を第一にかんがえるべきでしょう。

　しかし、現代は、家庭のなかに、つぎからつぎへとあたらしい耐久消費財がもちこまれつつある時代です。そのうち、どれとどれとがしめかざりとお鏡餅にあたいするでしょうか。

　こんな調査はきいたことがありませんけれど、機会があればしらべてみたいとおもいます。あなたのおうちでは、電気冷蔵庫のうえにおカガミをかざりますか、テレビにしめかざりをつけますか、電気洗濯機にはどうですか。結果はわかりませんけれど、やはりいろいろあるのだとおもいます。

　いまは日本の神学がゆらぎつつある時代です。工業的生産の時代にあって、神がみが全面的に姿をけすか、特定の場面に再生し、復活するか、それによって、今後の日本神学の方向がきまります。そしてそのカギをにぎっているのは、いうまでもなく、日本の主婦たちであります。

〔追記〕産業化社会のアニミズム

　前節における電気洗濯機論も、本節における耐久消費財論も、人工的被造物に、神ないしは霊魂の存在をみとめるという心的態度を問題にしている。

人工物を神とする心的態度は、従来の宗教学の用語体系からいえば、やはりフェティシズムfetishism ということになるのであろうか。フェティッシュという語は、語源的には、人工的につくられたものという意味であるから、フェティシズムは物神論と訳してもよいのかもしれないが、ふつうは呪物崇拝という訳語があてられている。じっさい、崇拝の対象となるのは、特定の呪物・護符の類であって、われわれのもつ神観念とはかなりちがっている。

それに、フェティシズムという語は、日本ではむしろ、宗教学的意味よりも、特定の物品に対して性的興奮をおぼえるという、性的倒錯の一種をさす精神分析学的意味でもちいられることのほうがおおい。あるいはまた、マルクス主義の用語として、金を崇拝する態度をさすこともおおい。後者はふつう「物神崇拝」と訳されているので、とくにここでいう物神《ものがみ》とまぎれやすい。

日本社会においては、人工的被造物に神または霊魂の存在をみとめるという心的態度があることは事実である。これはしかし、特定の呪物・護符を崇拝するというよりも、生きとし生けるものに霊魂をみるというアニミズムが、人工的被造物にまで拡張されたものと解釈するほうが妥当であろう。電気洗濯機、自動車、テレビなどの耐久消費財をはじめ、各種の家具などの工業製品は、現代における草木虫魚である。草木虫魚が魂をもつように、工業的生産による耐久消費財もまた、魂をもつ。日本固有の神学は、アニミズムの理論のうえにたたなければなるまいと、わたしはかんがえている。

アニミズム的心性を温存したまま、現代的産業化社会の建設に成功した例は、世界的にみて、

日本以外には存在しないのではないか。産業化社会とアニミズムとの関係が今後どう展開してゆくのか、予断はゆるされないが、文明論的にみて、はなはだ興味ぶかい問題である。[*1]

現代生活におけるアニミズムの問題は、宗教学あるいは日本民俗学においても、じゅうぶんに研究されているとはいいがたい。かえって、生活学の分野の研究に、その問題に対する的確な指摘がある。

栗田靖之氏の、現代日本人の家庭における物質文化のありかたについての精密な実証的研究によると、日本人の家庭においては、実用的機能をもたない「かざり小物」がおびただしく保持されているという。[*2] 栗田氏はいう。「無生物の世界にも霊魂の存在を認めるアニミズムが日本人にもある。日本人の家庭も、多かれ少なかれ、このアニミズムにとらわれている。物には霊魂が宿っている。だから無闇にその命を断つようなことをしてはいけない。だからたとえそれが古くなっても、家庭の中に留めおかれるのである。その結果として、物が過剰なまでに家にあふれ、それが家庭景観から受ける印象を大変雑然としたものとするのである」。この考察は、興味ぶかいものといわなければならない。

＊1　梅棹忠夫（著）「人の心と物の世界——世界インダストリアルデザイン会議基調講演」『地球時代の日本人』一八三—二〇八ページ　一九七四年九月　中央公論社〔『著作集』第一三巻『地球時代に生きる』所収〕

＊2　栗田靖之（著）「物質文化から見た現代家庭」『国立民族学博物館研究報告』第二巻第四号　六四三—七〇一ページ　一九七七年一二月　国立民族学博物館

機能的デザインと洗濯ものの美学

ちかごろは、機能的なうつくしさ、ということが強調されます。道具類のデザインは、ひと時代まえにくらべて、比較にならないくらい単純化しました。デコレーションということばをもじってゴテレーションという新造語が流行しています。ゴテゴテしたかざりがくっついたデザインに対するあざけりのことばであります。機能に関係のないかざりはとりさりましょう。現代のデザインにおいては、美は、機能とともにあります。

しかしこれは、デザインの話です。日常の家庭生活にあっては、美的な生活と、機能的な生活とは、かならず両立するとはかぎりません。

たとえば、婦人の着るものについていいますと、洋装よりも和服のほうが、美的にはやはりすぐれているということは、すくなくとも原則的には、だれでもみとめないわけにはゆかないでしょう。しかし機能的にいえば、和服はなんとしても不便です。機能を強調すれば、美はある程度犠牲にしなければなりません。

さて、きょうの話題は「干しものの美学」です。洗濯ものは、かわかさなければなりません。かわかすという目的からいえば、とにかく日のあたるところにならべたらよいのです。玄関先だって表どおりだってかまうことはないはずなのですが、そこはやはり美的感覚が発動して、ちゃんとしかるべきところに干しものがならびます。

洗濯ものの干しかたに対しては、かなりきびしい美学的批判があります。よくやりだまにあがる

のは、アパートです。じっさい、お昼まえごろの団地のアパートの窓は、みごとなものです。色とりどりの洗濯ものでみたされて、けんらんたるものであります。

　わたしはしかし、それをときにはうつくしいとさえおもいます。比較の問題であります。わたしは、シンガポールの華僑街をおもいうかべます。そこでは、二階の窓という窓から、ながい竿がななめ上方にむかって、ニョキニョキとつきだして、それに、ありとあらゆる奇妙なかっこうの布きれが、めちゃくちゃなかたちでひっかかっているのです。そして、この両側からつきでた洗濯もののトンネルのなかを、人間があるき、自動車がはしります。実用上はこれで、なんの支障もなく、かわかすという点についてはまことに効果的であります。

　しかしそれは、あまりにも美的感覚を無視した、むきだしの機能主義といわなければならないのではないでしょうか。

　日本の女性の美的感覚は、はるかに繊細です。アパートの窓にぶらさがった色とりどりの洗濯ものだって、よくみると、デタラメではありません。すくなくとも、まっすぐにかかっています。そのならびかたも、めちゃくちゃではなくて、ゆるされるかぎりでの美的配慮がはらわれているように、わたしはおもうのですが、どうでしょうか。あんまりひいきのひきだおしになってもいけませんから、この点についていちおうは女性の見解をただしてみたのですが、やはりそういうことはあるという答であります。

　洗濯ものを干すときに、どのようなかたちにならべたら、いちばん調和がとれるか、いつもかんがえてから干す、というのです。ひとによっては、これは意識しないでやっているかもしれません。

しかし意識的にせよ、無意識的にせよ、これはおどろくべきことです。彼女らは、もの干し竿と洗濯もので、毎日造形をこころみているのです。これはひとつの芸術でさえあるのです。

わたしは、日本の女性が、こういう造形的精神をもっていることをありがたいとおもいます。

あたらしい時代は、家庭生活においても、つねに機能的なもののかんがえかたをつよく前面におしだしてきます。

女性の美的感覚が、家庭において、むきだしの機能主義が横行することを、いくらかは抑制しているかもしれないとおもうのであります。

三種の神器と嗅覚的芸術

「三種の神器《じんぎ》」というものがあります。古代においては、それは、剣《つるぎ》と、玉と、鏡でありました。現代においては、電気洗濯機と、テレビと、電気冷蔵庫であります。

古代における三種の神器と、現代における三種の神器と、どこがにているのでしょうか。

それは、どちらも家庭における耐久消費財であります。それからまた、いずれも実用品でありながら、美的効果をもかねそなえています。

三種の神器とは、まことに日本的な表現ですが、現代における耐久消費財の流行という現象は、なにも日本だけのことではありません。アメリカでも、ヨーロッパでも、おなじであります。

ただ、どんなものがとくにおもんじられるかは、国によってちがいます。いわゆる家庭電気器具の普及ぶりをみても、けっしておなじではありません。つまり、各国でそれぞれに三種の神器をえ

らぶとしたら、ちがうものがでてくるでしょう。たとえば、日本にくらべるとアメリカでは冷蔵庫の普及がいちじるしいのですが、イギリスではどういうわけだか、電気掃除機がひじょうによく普及しています。

　こういうちがいには、いろいろの原因があるでしょうが、日本の場合などは、やはりその芸術的効果に対する国民のこのみのようなものがおおきく作用しているのではないでしょうか。芸術的効果というのがおおげさなら、感覚的効果といってもよいでしょう。

　たとえば、テレビに対する日本人の愛好ぶりにはたしかにそういう面があります。普及率ではまだ、とうてい、アメリカ、カナダ、イギリスにはおよびませんが、そののびのはやさには、おどろくべきものがあります。そしてまた、その画面のうつくしさは、世界一の定評づきであります。

　日本人は目にうつる映像のうつくしさに対しては、きびしい批判力をもっているからです。日本における写真や映画の発達も、おなじ理由にもとづくものであります。色彩感も、すでに着もののうつくしさからあきらかなように、ひじょうに鋭敏です。しかし、だからといってカラー・テレビが早急に普及するとはいえません。色彩感覚がするどいだけに、外国のように、ただ色がついているという程度のものには、日本人は手をださないでしょうから。

　日本の家庭においては、触覚の芸術もなかなかそうとうなものであります。タタミの生活からはなれられないのは、あの感触がなんともいえないからです。

　電気洗濯機はもちろん、洗濯の機械にちがいはありませんが、それは、あらいたての下着類のあたえる、爽快な皮膚感覚とふかくむすびついています。電気洗濯機は、家庭においては触覚的芸術

のための機械であります。
味覚のほうもそうとうなものです。調味料の発達は世界一流でしょう。材料の新鮮さをとうとぶ点でも、よそにはまけません。その点、ほんとうは電気冷蔵庫は日本人のこのみにあわないところがあります。できることなら、冷蔵庫なんかにいれるまえにたべてしまいたいのです。

聴覚的芸術は、日本の家庭においてはあまり発達しているとはいえません。ラジオはおそろしくよく普及していますが、その音質は、かならずしもおおむね芸術的とはいいがたいし、音量調整もデタラメです。ハイ・ファイ・マニアもふえつつありますが、大衆は音痴にちかいようです。

しかしいわゆる五感をならべてみると、日本の家庭に決定的に欠けているのは、嗅覚的芸術であります。これはまったくひどいですね。はっきりいって、家全体が便所くさい、台所にちかよるとぬかみそくさい、電気冷蔵庫のなかまでくさい。芸術もなにも、あったものではない。

最近は、冷蔵庫のくさみぬきはできていますが、一般に家のなかのにおいに対しては、われわれは完全に無防備であります。家庭電気器具の新型として、電気香水というのはできないでしょうか。スイッチをいれると、家中の悪臭を全部すいとって、かわりにフクイクたるかおりを室内にまきちらす、という機械です。

ただし、なにしろ嗅覚的芸術感覚の欠けた民族です。あんまり売れる見こみはありませんな。

近代化と宗教

解説

谷口国際シンポジウム文明学部門の第六回は一九八八年三月、国立民族学博物館においてひらかれた。テーマは「宗教の比較文明学」であった。実行委員長は中牧弘允教授であった。シンポジウムにおける報告者と演題はつぎのとおりである。

梅棹忠夫　基調講演　近代化と宗教

ウィンストン・デイヴィス　日本と英国における宗教と発展

井上順孝　グローバル化と近代日本宗教——教派神道家のキリスト教対策を中心に

マイケル・アシュケナージ　神道とユダヤ教の儀礼専門家——儀礼階層制における差異

ヘレン・ハーデカー　日本の新宗教、大本教団におけるジェンダーとミレニアム

山折哲雄　日本の宗教的アイデンティティ

ヤン・ファン・ブレーメン　日本における新儒教——伝統と展望

伊東亜人《あびと》　朝鮮における宗教と社会統合

佐藤公彦　中国の宗教と近代化

スリチャイ・ワンゲーオ　タイ仏教への比較の視覚——宗教と文明化過程
中牧弘允　近代日本の宗教文明——投影装置としての高野山を中心に

わたしの基調講演は、小川了が代読した。ここに収録したのがそれである。

このシンポジウムの報告書は、日本語版も英語版も準備中で、一九八九年六月現在、まだ刊行されていない。◆

◆一九九三年三月、『宗教の比較文明学』が梅棹忠夫、中牧弘允共同編集で、春秋社より刊行された。
英語版は一九九〇年、国立民族学博物館から刊行された。
UMESAO, Tadao, Helen HARDACRE, Hirochika NAKAMAKI (eds.), *Japanese Civilization in the Modern World VI: Religion*, Senri Ethnological Studies, no.29, 1990, National Museum of Ethnology.

はじめに

谷口シンポジウム文明学部門も、今回で第六回をひらくことになります。冒頭にわたしが基調講演をおこなうことも恒例のようになりました。

今回のシンポジウムでは「宗教の比較文明学」ということをテーマにかかげております。そこで、基調講演をいたしますものとしては、比較文明学という立場から宗教をどうとらえるのかという観点にたって、わたしのかんがえをもうしあげるとともに、それぞれに宗教学を専門に研究しておら

れる参加者のみなさまを挑発して、これから一週間におよぶ発表、討論の一助にでもしていただければありがたいとかんがえております。

このシンポジウム、「宗教の比較文明学」が目的とするところは、主としてふたつあるかと存じます。ひとつは、日本の近代文明の発展期において、宗教はいかなる役わりをはたしたのかをとうこと。そしてもうひとつは、日本以外の他の文明が近代化する過程において宗教がはたした、あるいは現在はたしている役わりを比較して検討し、その意義をかんがえる、ということであります。

従来、宗教の問題は主として比較宗教学という観点からとりあげられることがおおかったわけですが、このシンポジウムでは、宗教という現象をとおし、それをひとつのレンズのようにみなして文明を比較研究する、それが主要なねらいになるかとおもいます。討議の過程において、たとえばマックス・ウェーバーが呈示した近代化と宗教の問題に関する説などを批判的に再検討してみる、といった理論的な側面が議論されることをものぞんでおります。

こまかな事象にかかわる分析や理論的問題の整理については、それぞれ専門に研究しておられるみなさまにおまかせするとして、わたしの基調講演では本シンポジウムの全体をつらぬく見とおしを中心におはなししたいとかんがえております。

☯ 東と西の対応

まず、世界における文明としての宗教地図をかんがえるという観点から、東西の宗教、とくに仏

教とキリスト教について対比的にかんがえてみましょう。西側文明のキリスト教におけるカトリックとオーソドックスの関係、それと東側文明の仏教における大乗仏教とテーラワーダ仏教すなわち南方上座部仏教の関係には、おおくの点で対比的にとらえうる面があるのではないでしょうか。その点についてわたしがかんがえていることをもうしてみましょう。

キリスト教のカトリックとはことばの原義からみますと、ギリシャ語のカトリコス（Katholikos）、つまり「普遍的」ということであります。国家、ステイトをこえた普遍としてのチャーチ、普遍教会があるということになります。封建領主はステイト、権力を代表するものでありまして、そこからチャーチとステイトとの対立が生じるわけです。

このカトリックの普遍に対応するものを日本の宗教についてかんがえますと、それは神道ではなく中国渡来の巨大仏教であります。日本においても仏教はたしかに国家体制とおれあう努力もしておりますが、しかし思想としては普遍主義であります。日本の王（天皇）は仏教の支配者になったことはありません。仏法は朝廷の権威、権力をはるかにこえた普遍的な西方浄土の世界を想定しております。これが大乗の世界でありまして、普遍の世界であります。

ただ日本の場合、古典宗教としては、天台宗、真言宗が圧倒的に優勢でありますが、禅宗が導入され、さらに近世的な様相をもつ日蓮宗や浄土真宗がうまれ、それらが混在しております。これらのなかで、浄土真宗を、普遍つまり日本での古典的大乗仏教世界からそとへふみだしたものとしてかんがえると、それはキリスト教におけるカトリックからふみだしたものとしてのプロテスタントに対応しているとかんがえられましょう。その意味で、日本の状況はドイツに似ております。ドイ

ツの場合は、地域的にカトリシズムとプロテスタンティズムが分離する傾向はありますが、やはり混在しております。あくまでも対比的にみればということですが、日本においての浄土真宗は大乗仏教界からでてきたプロテスタンティズムといえましょう。

さて、西ヨーロッパ世界でのカトリシズムに対して、東ヨーロッパにはオーソドックスの世界がございます。オーソドックスといいますとギリシャ正教をかんがえますが、もちろんそれだけではなくセルビア、マケドニア、ロシア、アルメニア、ブルガリアなどでも国家体制とむすびついた宗教として、それぞれ正教会があります。つまり、オーソドックスの世界ともうしましたが、ひとつの普遍として統合されたものではなく、国家ごとにわかれた宗教があるわけです。普遍的な教会、つまりエグリーズ・カトリークに対して、国家的な教会、エグリーズ・ナショナルというものがあるわけです。

このエグリーズ・ナショナルである、国家ごとのオーソドックスに対応するものが、東の仏教世界にもあるのです。それがタイやカンボジア、スリランカ、ビルマなどにみられる、南方上座部仏教の世界でありまして、これらの国ぐにでは、仏教はそれぞれの国家ごとに独立した形をとった宗教となっているわけです。

また、一見、ふしぎにみえますが、キリスト教の一派ではありながらローマには所属していない教団がいくつかあります。現在、エジプトの一部とエチオピアで活発に活動しているコプト教会はそのひとつであります。四世紀のころ、キリスト教世界では三位一体論を中心にして激烈な議論がなされましたが、四五一年のカルケドン公会議で決着がつき、キリストは神にして人間であるとい

う完全な両性が規定されました。キリストの神性、人性をあきらかにしない単性論の立場をとるアレキサンドリアの主教ディオスコロスは罷免され、エジプトの教会は孤立します。四五七年以降、かれらは独自のアレクサンドリア主教をたててカルケドン派教会に対抗いたしますが、これがコプト派教会の起源になるわけです。

　このコプト派教会に対応する教団が仏教世界にもみられるのです。それはチベット仏教でありまして、コプト派教会、チベット仏教はともにキリスト教と仏教のながれをくむものでありながら、本家とはたいへんことなったものになっているわけです。ふたつの教団ともおもに山岳部を中心にし、密教的、神秘主義的な面をつよくもっています。また、こういった宗教世界では近代化がたいへんおくれているという点でもにているのです。

土着宗教の再編成

　また、これはキリスト教が大宗教として成立するよりずっと以前のことになりますが、地中海世界には民衆的な信仰としてマリア信仰、つまり地母神信仰がありました。ヴィーナスもひとつの地母神でありますが、デーメーテール、つまりデア・メーテル、母なる女神という信仰がふるくからありました。プレ・クリスチアニスムとしての地母神信仰であります。それに対して、他方には父なる神としてのデウス・ピタールがあり、これがジュピターであるわけです。

　この父と母としての神は日本の原初的信仰でのイザナギとイザナミに対応しているわけです。日

本の原始神道も民衆信仰でして、教義をもち、組織化された宗教ではありませんでした。そこへ仏教という巨大な普遍宗教がおしよせてきたことで、神道は土着信仰の再編成をし、自己の基盤がためをしてゆきます。神道側の自己防衛として神道が理論的に形成されてゆくわけです。こうして神道は組織化され、最終的には神道と仏教の平和共存の道がつくられてゆくことになります。

この日本における初期的な神道にあたるものをキリスト教世界についてかんがえると、それに対応するものはケルト族におけるドゥルイド教だとおもいます。ドゥルイド教もキリスト教の伝播に対抗して、土着信仰の再編成という形でうまれたものです。

中国についてみると、タオイズム（道教）がそうであります。これも土着的な民間信仰であったもののうえに仏教がインパクトをあたえたことによって、自己再編成をし、教義や経文がつくられ、体系だった宗教になりました。

たいへんおおまかな比較をしましたが、こういった東西宗教の比較論も、文明論的な観点にたてばじゅうぶんに可能ではないでしょうか。

新興宗教の意味

つぎに、時代はずっとくだりまして、近代日本、明治以降の神道諸派、あるいは戦後につぎつぎにうまれた仏教系の新興教団など、あたらしい宗教運動についてすこしかんがえてみましょう。いわゆる、教派神道、つまり幕末維新期においてできた出雲大社教、天理教、金光教、神道修成派、

御嶽《おんたけ》教などの新宗教は王権とはむすびつかない形で発展してきましたが、具体的にどのような形で救済をしたのでしょうか。これらの教派神道は人間の現実的ななやみは解決しないにしても、ユートピア思想を提供することにその役わりがあったのかもしれません。大本教などはまさにそうであります。未来に希望をもたせるものとしての新宗教です。未来に希望をもたせることで、近代化の矛盾のなかでくるしむ人びとを鼓舞激励する役目をはたしたといえるでしょう。

戦後にも世界救世教、ＰＬ教団、あるいは生長の家といったあたらしい教団が、かなりおおきな勢力をもっております。こういったあたらしい教団をどのように評価するのか。と同時に、創価学会、立正佼成会、霊友会をはじめとする、戦後の仏教系の新興宗教運動の歴史的意味についてもかんがえねばなりません。この仏教系の新興教団はいずれも日蓮宗の系統でありまして、大衆運動の組織化に成功しております。なぜ日蓮系の教団が成功し、他の系統のものではなかったのか、そういった議論もなされてしかるべきでしょう。

宗教におけるナショナリズム

また、創価学会に関してもうしますと、宗教におけるナショナリズムという問題を整理してかんがえられないでしょうか。創価学会の場合、日本的独自性、いわば宗教的ナショナリズムを強調しながら、そのうえで世界戦略をかんがえるという傾向がみられます。宗教がこのようにナショナルなものを強調するというのはどういうことでしょうか。これは、さきにのべましたエグリーズ・ナ

ショナルという場合のナショナルとはべつのものです。エグリーズ・ナショナルの場合は、その最高権威者を国家の王がかねているわけです。つまり、統治の最高権力者が教会をも支配しているという形であるのに対し、日本における新興宗教のナショナリズムはそういうものとはべつの次元にあります。

そうでありながら、創価学会の場合、王仏冥合という形で王権と宗教勢力を統合させて、ひとつの理想世界をつくることをめざしました。公明党という政党はこうしてうまれました。しかし、日本の憲法では政教分離が基本理念としてあり、現実的にも政教一致をめざす路線はこのましくないという、いわゆる現実路線から、王仏冥合は一九六〇年代末に挫折した観があります。挫折したにせよ、文明史的にみた場合、創価学会のこころみはまことに壮大なものといわねばなりません。

霊友会や立正佼成会のような日蓮系の新宗教についても、日本の文明史のなかでどうとらえるのか、といったことも議論していただきたいとおもいます。要するに、幕末以降のさまざまな新宗教のうねりと日本の近代化との関連を具体的に呈示できないだろうか、ということです。

そのことに関連して、キリスト教においてもプロテスタントからはおおくの新興教団があらわれています。カトリックからは新興教団の発生がすくなく、プロテスタントからはおおいという事実は、西欧文明、とくにアメリカ文明のなかでどう説明すべきなのか、ということも検討の必要があるでしょう。

近代日本とキリスト教

近代日本の宗教としてキリスト教についてもかんがえねばなりません。日本におけるキリスト教は教団として成功したといえるでしょうか。現在、日本におけるキリスト教徒の数は約一〇五万人、総人口の一パーセントにもみたない数でしかありません。教団としては完全に失敗したとしかもうせません。スウェーデン人が宣教にいって完全に失敗したモンゴルほどではないにしても、韓国やフィリピンでの成功には比すべくもありません。西欧諸国、とくにアメリカから膨大な人的エネルギーと資金がつぎこまれながら、日本での布教は成功しなかったのです。

しかし、その反面、日本でのキリスト教は人間的、思想的におおきな影響をあたえていることはみとめねばなりません。近代日本の建設者達のなかにはキリスト教の思想的影響をうけたひとがおおくみられることはみなさま、ご存じのとおりであります。

同時に、幕末における日本神道の理論家、平田篤胤の思想は一神教的な性格をもつものでありまして、そこにはキリスト教の影響があることがうかがえます。このように、キリスト教は近代日本の宗教にもふしぎなインパクトをあたえているのです。

また、卑近な例でもうしますと、神社での神前結婚という形がうまれたのもキリスト教の影響らしいのです。神前結婚という形は、明治一〇年代に大教院教導職の中心的位置にあった千家《せんげ》尊福《たかとみ》が出雲にかえり、出雲大社が縁むすびの神社であるという民間信仰を基盤に、結婚式経営にのりだし

たことに端を発しています。それ以前の日本の神道では、神は人事には介入しないものとかんがえられており、神前結婚というようなものはなかったのです。五穀豊穣山川草木《さんせんそうもく》といった自然界の平穏なながれ、また世のなかの太平には神が責任をもつ、しかし、人事には介入しない。それが神道の神であったのですが、その神が結婚式をつかさどるという形で人事に介入しはじめたわけです。千家尊福自身がかいていることですが、この神前結婚という形はキリスト教の影響をうけてできたものなのです。このように、日本でのキリスト教は教団としては失敗したことをいなめませんが、同時にさまざまなインパクトをあたえたという事実があるのです。

儒教と近代化

こうしてみますと、近代日本においてキリスト教があたえた影響は儒教が日本にあたえた影響に似ていることに気づきます。儒教も、日本ではひとつの宗教としての役わりをはたしたというより、ひとつの文化、人間の生きかたという次元でおおきな影響をあたえたというべきでありましょう。ちなみに、ここでもうしますと、最近、韓国や台湾、香港、シンガポールなどのアジアの新興産業地域、いわゆるアジア・ニックスとよばれる国ぐにですが、こういう国ぐにでの近代化の背景には儒教という宗教のおしえがあるからだといった議論がなされております。しかし、これはどうでしょうか。わたしのかんがえでは、日本は儒教国ではありません。人びとの生きかたの次元で儒教はうけいれられたのであって、宗教としてではなかったのです。儒教が基盤になって近代化が成功し

たというのであれば、儒教をうんだ中国が近代化におくれている事実をどう説明するのでしょう。日本はむしろ儒教国にならなかったことが近代化と関連しているのです。いわゆるアジア・ニックスと儒教の問題についても、この機会に検討してみようではありませんか。

イスラームと近代化

さて、すこし日本をはなれてかんがえてみましょう。近代化とイスラームに関してであります。世界のいずれかの宗教、どれかひとつをえらばなければ死をあたえる、というような状況におかれたとしたら、わたし個人はイスラームをえらびます。イスラーム教はまことに清潔な宗教ともうしますか、そこでは人間個々人が唯一神であるアッラーと一対一で対面するという形になっております。これほどきびしい個人性はキリスト教にも仏教にもありません。キリスト教も仏教も、そのどちらにも教会、僧職というものがあいだに介在いたします。イスラーム教では人びとのいのりをみちびく導師はいますが、僧職というものはありません。僧職がないかわりに、個々人が日常生活におけるさまざまな戒律をまもり、身をきよめて神と対面しなければならない。一日五回のいのり、豚肉を食してはならない、豚肉以外の肉でも異教徒によってころされた動物の肉は食してはならない、一年のうち一カ月、日中は絶食する、このような戒律をまもらなければイスラームとはいえないのです。

さて、そのイスラーム世界では宗教と政治、経済が不可分にむすびついています。宗教が人びと

の生活全般におよんでおります。しかし、イスラーム諸国も現代社会のなかにいきている以上、近代的、普遍的な文明というものと絶縁していきてゆくことはできません。イスラーム教徒としての自分たちのカルチュラル・アイデンティティをまもろうといううごきが一方にあると同時に、普遍化しなければいきてゆけないといううごきが他方にあり、その両方がおおきな葛藤をおこしている。その葛藤のなかで近代化がはばまれている。イスラーム社会の現代の状況をこのように説明できないでしょうか。

　しかし、イスラーム社会は現に現代社会のなかにあるのであって、そのなかでいきてゆくためには西欧文明を拒否しつづけることは不可能でありましょう。そうすると、さきにのべた葛藤はどのような方向で解決されてゆくのでしょうか。

　これはわたしの仮説でありますが、イスラーム社会はいっぽうでイスラーム原理主義のようなものを、みずからの核としてたもちながら、西欧的要素をうけいれる。そのとき、西欧的要素は枝葉末節であって、核の部分に影響をあたえるものではない、といった論理が構築される。この論理が体系だって構築されれば、西欧文明おそるるにたらずということになります。このような論理が構築される可能性があるとはいえないでしょうか。

　ここでひるがえって、つぎのこともかんがえてみなければなりません。つまり、人類にとって近代化とはなんであったのか、あるいはなんであるのか、ということです。近代化といいますと、常識的には産業化、工業化、そういったものを集約した概念としての西欧化ということときりはなせないものとしてかんがえられており、じっさい、近代化した国ぐにのおおくはそうなっているわけ

です。しかし、近代化と西欧化ということはどんな文明、社会にあっても不可分のものでありつづけるのでしょうか。わたし自身、ここで結論が準備できているわけではありません。しかし、西欧化、産業化の過程をへないでも、よりおおくの人びとが、よりゆたかにくらしてゆくことができるのであれば、それがまさに近代化ということなのだといたしますと、つぎのようなあたらしい文明の型ができないとはかぎりません。つまり、じっさいには産業化しているという段階には達しておらず、国民生活の次元でもさほどゆたかになっていなくても、人びとの心においてよりしあわせになったとおもわせる装置、体系ができれば、それも近代化のひとつの形であるといえるかもしれません。そのような装置群ができないとは断言しえないのではないでしょうか。

　ここでのべたような装置群としては共産主義がもっている思想に似た面があるかもしれません。しかし、共産主義の場合、基本的には産業化、工業化というものを背景にした人間の幸福をめざしているようにおもいます。それに対して、イスラームやヒンドゥーといった宗教を信奉する文明からは、さきにのべたようなべつの形での「近代化」モデルがうみだされるかもしれません。現在のところ、仮説的な議論しかできないことはたしかですが、このような未来予測的な検討をしてみるのも、わたしたちに課せられた宿題ではないでしょうか。

生老病死

　未来予測的な検討ということをもうしましたが、わたし自身に課せられた基調講演のなかでの最

後の問題点として、今後、つまり将来世界における宗教はどのような形態のものになり、どのような機能をはたすだろうかという問題についてかんがえてみましょう。これまではいくつかの社会、文明のなかで、かつ、それぞれの歴史的状況において宗教がはたした、あるいははたしている役わりといったことについてもうしました。しかし、人間には要するにいきているという事実、その根源的な事実のなかから生ずるくるしみ、なやみというものがあります。これは否定できません。人間がこの世に生をうけ、いま、いきているという事実、そのこと自体にともなうなやみ、くるしみ、これこそは人類に普遍的なものではないでしょうか。

　たとえば、仏教では四苦ということをもうします。つまり生、老、病、死という苦であります。これらの四つをくるしみとしてとらえるかいなかということ、これはまたべつの次元の話になりますが、ともかく仏教では四苦としてとらえており、この世に生をうけた人間すべてがのがれることのできないものであります。人間である以上、普遍的にあるくるしみ、なやみ、そういうものに対して、現代の宗教、そして現代人はどう対処しようとしているのでしょうか。

　ここでいう人間としてのなやみ、くるしみは、歴史のそれぞれの段階で生じる社会的矛盾の犠牲者であるか、あるいは社会的成功者であるかにかかわらず、あらゆる階層をこえてだれでもがもつものでありましょう。病気ということについては、自分がどのような社会階層にあるかによって、つまり社会的地位や経済的地位のいかんによって、くるしみが軽減されるということはあるでしょう。しかし、やまいにおちいるというくるしみ自体はだれにもさけることはできません。たとえ近代人でもにげてとおることはできません。生、老、病、死についてはいかんともしえないのです。

死をどうむかえるか

たとえば死を例にもうしますと、近代人はいっぽうで死というものをなるべく目にしないですむような装置をととのえた。そうすることで死と直面するくるしみを解決しようとしているともうせるかもしれません。これは現代社会でのわれわれの生活の周辺をみまわせば、すぐに気づくことでありますが、現代人は死というものはあたかも存在しないかのごとくにいきるすべをしった観があります。すくなくとも、自分自身の死はありえない、あるいはそれをわすれていきてゆくことができる。そのような生きかたのうちに死というくるしみを消去してしまうのです。

具体的にもうしますと、現代においてひとが自分の家で、家族、とくに子供たちにみまもられながら死んでゆく、そういう状況はますますすくなくなっております。死は病院で、子供の目にはふれにくい場所でおこるようになったのです。家族すべてがみまもるなかでひとは死んでゆくというのではなく、ひとはただその場からいなくなるのです。死ということがどういうことなのか、直接目にする場がなくなっているのです。

こういった方法も、たしかにくるしみからのがれるひとつの方法であるかもしれません。ところが他方において現代では死の準備講座とでもいうべき場におおくの人びとがあつまるという事実もあるのです。これは先日、テレビで放送していたのですが、仏教情報センターというものがありまして、わかい仏教僧が各家庭にゆき、人びとのなやみ、くるしみをきくという仕事をしているとい

うのです。人びとがいきているうちから訪問し、そのひとがなくなるまでずっと訪問しつづけ、なやみ、くるしみをきく。死期がちかづけば、当然、死をむかえるにあたっての心のもちかたなどをはなすでありましょう。これは、死をむかえるについての各個講義のようなものです。この講義をおおくのひとにするという講座があり、それが多数の人びとをひきつけているのです。

たとえば京都の仏教大学がおこなっている「人の死を見とるための講座」というものがあります。あたかも現代人がわすれてしまったかのごとくにおもえる死を真正面にとりあげて、講義がなされているわけです。人間の晩年の問題、死んでゆくひとをいかにみとるかという切実な問題。そして、自分自身の死をどうむかえるかといった大問題があつかわれます。その講義では、もちろんお坊さんもはなしますが、医者や大学の先生などがはなしています。

死がわすれられたかのような現代にあって、いっぽうで人びとは真剣にとりくんでいるのです。

情報産業時代における宗教

死ということを例にして、近代の合理主義社会がうみだした四苦をわすれさせてくれる装置についておはなしいたしました。しかし、たとえわすれてはいても、それらのくるしみ、なやみは現にあるのです。そのくるしみを直視して、しかも安心立命をあたえられるように努力する、これはまさに宗教教団の義務ではないでしょうか。

これからの世のなかについてかんがえますと、物質的にはますます便利になり、快適な生活がお

くれる世のなかになるでありましょう。そのためにわれわれは努力しているのですから。しかし、人間がいきてゆくうえでのくるしみをけしさることはできない相談であります。そうである以上、日々の生活において、これまで以上に宗教が前面にでてくるという状況はじゅうぶんにかんがえられます。

現在のところ、宗教は工業化社会で生じるさまざまな矛盾にくるしむ人びとをすくっています。しかし、今後ますます進行することが予測される情報産業社会にあって、そのあたらしい状況で生じうる矛盾に宗教は対応する必要があるでしょう。情報産業社会に対して、宗教はどう対応、あるいは適応するのか。また、宗教自体の情報革命はどのようになされるのか、問題はそこにあります。

現代日本においては、個々人の守護霊でありますとか、水子供養といったことが宗教現象としてさかんになされております。こういったものは、まさに情報産業にのってさかんになったものです。とくに、むつかしい教義はいらない。宗教はまさに個人個人に対応して、個々の問題を解決しようとする。これは情報化社会に特徴的な個別化ということそのものです。

工業の時代は大量生産で、おおくのおなじものをつくることで問題は解決できた。しかし、現在、大量生産ではうまくゆきません。おおくのことなったものをすこしずつつくる、いわば、大量の個別生産の時代です。

宗教もそうなりつつあるとおもいます。さきにのべた個々人の守護霊が強調され、個々人の瞑想が重視されている。ひじょうに個別化した宗教です。宗教はそれぞれの個々人にちがった形で対応しようとしているのです。なやみ、くるしみが個々人でことなるように、宗教も一切衆生を救済す

るというのではなく、個々人に処方箋をだしているとおもわれます。

以上、「宗教の比較文明学」というタイトルをもったシンポジウムにあたって、いくつかの問題点をあげ、わたしのかんがえをのべるとともに、全体をつらぬく見とおしのようなものをのべました。はじめにもうしあげましたように、基調講演者としてのわたしの責務はみなさまを挑発することにあるとおもいます。それゆえにおおまかに問題点を整理するだけにとどめました。それぞれの細部については、これから一週間、存分に討議していただきたいとおもいます。

宗教の比較文明論への試論

解説

一九五五年の京都大学カラコラム・ヒンズークシ学術探検隊への参加は、わたしの思想にとってはおおきな展開の契機となった。わたしはここで、比較文明論というような領域に目をひらかれたのである。

とくに、アフガニスタンからの帰途にパキスタンおよびインドを旅行した経験は、わたしにとっては、新鮮な感動であった。わたしはそこで、イスラームおよびヒンドゥーという、ふたつの巨大宗教地帯を横断し、それを信奉する人びとの生活にふれたのであった。以後、わたしは宗教の比較文明論ないしは比較文明論的宗教論というようなものに、つよく心をひかれるようになった。

仏教とキリスト教という東西の二大宗教のなかに、ある程度の対応ないしは平行現象がみられることに気がついて、それをわたしの「文明の生態史観」の具体的な展開のひとつとしたいとかんがえていた。おおよその構想をえていたのであるが、それを活字にして発表するにはいたらなかった。

一九五九年夏、わたしの構想の概略を中央公論社の粕谷一希氏にはなしたところ、ぜひそれを原稿にせよということで、わたしもその気になった。わたしの論述を速記にとるということであったが、

きき手があるほうがはなしやすかろうというので、当時、京都大学人文科学研究所の助教授であった、上山春平氏にきいてもらうことにした。

対談は、同年九月二四日、京都大学楽友会館でおこなった。上山春平氏のほかに、粕谷一希氏にも同席してもらった。この原稿は、手をいれたうえで、当時、中央公論社からでていた雑誌『思想の科学』に掲載する予定であった。上山春平氏もわたしも思想の科学研究会の正会員であった。

わたしは原稿に手をいれはじめたのだが、問題がつぎつぎとわいてきて、これを発表することのふみきりがつかなくなった。こうしてこの原稿は、未定稿としてわたしのファイルのなかにうずもれたままになったのである。この原稿がついに印刷にならなかったことについて、わたしは上山春平氏および粕谷一希氏に対し、まことにもうしわけなくおもっている。

今回、わたしの著作集をあむに際して、この原稿をとりだしてよみかえした。内容的には不十分な点はおおいが、この際、目をつぶって、世にだすこととした。もとの速記原稿は上山春平氏との対談形式になっているが、わたしの発言を主としているので、上山氏のおゆるしをえたうえで、全文をわたしの所説の形にあらためた。

なお、比較宗教論の方法論的問題については、わたしはすでに「比較宗教論への方法論的覚え書き」という論文を発表している。それは今回のこの原稿の理論的な基礎となるものであるが、執筆の順序はこの原稿のほうがずっとはやい。「覚え書き」は逆に、この「宗教の比較文明論への試論」および、本書に採録したつぎの項「諸文明における宗教の層序学」をかいたのちに、その方法論的要約としてかかれたものである。「覚え書き」とこの「試論」は、おなじところから発想しているので、類似の

展開の仕かたをとっている部分がある。◆

◆これらの論考は「著作集」第五巻『比較文明学研究』に収録されている。

サールナートとイェルサレム

ひとつの経験から話をはじめる。インド、ウッタル・プラデーシュ州のサールナートというところへわたしはいったことがある。これはベナーレスの郊外にある。ここは仏教でいう鹿野苑《ろくやおん》、初転《しょてん》法輪《ぼうりん》の地である。釈迦がはじめて法輪を回転させた、つまり最初に説法をおこなった地である。そこには初期仏教教団の遺跡がのこっている。そこに、釈迦よりちょっと時代がくだるが、仏教大学の跡がある。その遺跡が発掘されている。このサールナートに現在のインド仏教のひとつのセンターがある。マハーボディ・ソサエティの本部といううつくしい石造の寺院である。なかに日本人の仏画師、野生司《のうす》香雪のえがいた壁画がある。釈迦の一代記をえがいている。その寺に日本の梵鐘がさがっている。京都の高橋という鐘屋の銘がはいっている。そのとなりへいくと、中国の寺がある。それから僧の寮があって、ビルマ人の僧侶が黄色い僧服をきてゆききしている。

ここはインド仏教の中心地というけれども、じっさいは、インドにはこれ以外に仏教関係の施設はほとんど存在しないのである。現在、インドの仏教徒というものはひじょうにすくなくて、インド総人口の〇・一パーセントにもみたない。そうしてそのセンターへいってみると、あるものは日

本の壁画であり、日本の鐘であり、中国の寺であり、ビルマの僧である。インド仏教はどこへいったのか。この初転法輪の地においてインド仏教はもはや存在しない。

　このベナーレスという名は英語であって、現地名は古代以来ヴァーラーナシーである。ヴァーラーナシーはヒンドゥーの聖地である。そうしてガンジス川のほとりは、ヒンドゥー教のいわゆるガット、火葬場となっている。それがならんでいて、ヒンドゥー教徒がそばで水あびをしている。インド独立の父、マハトマ・ガンジーをやいたのもここである。火葬のあと、灰はガンジス川にながす。ここはヒンドゥーの聖地なのである。

　サールナートはこのベナーレスの郊外にある。わたしたちは仏教徒のひとりとして仏教の遺跡を訪問したのであったが、そこで発見したものは、インド仏教にあらずして、ヒンドゥー教であった。

　わたしのこの経験は、イェルサレムをおとずれるキリスト教徒の感慨とひじょうに似ているのではないかとおもわれる。イェルサレムはキリスト教の発祥地であるが、現在、まわり一面にあるものはイスラームである。キリスト教は遺跡だけがあって、イェルサレムのキリスト教徒とよぶべきものはどこにもいない。いきたキリスト教徒というものはそこには存在しない。べつな宗教のなかに埋没してしまったのである。わたしはそういう文章をよんだことはないけれども、ヨーロッパのキリスト教徒がイェルサレムをおとずれたなら、わたしとおなじような感慨をもつにちがいないとおもわれる。おそらく、わたしが仏教徒としてサールナートでうけた印象とたいへんちかいものがあるであろう。

　仏教もキリスト教も、発生の土地をはなれて、どこかよそにマイグレート（移動）したのである。

仏教は東へ東へのびていった。キリスト教は西へ西へのびていった。仏教がいきついたところは日本であり、キリスト教がいきついたところは西ヨーロッパである。そこでそれぞれの宗教は安住の地をえた。

はじめの出発点となった地は、イェルサレムもサールナートも、ほかの宗教のなかに埋没している。そのように、方向はあい反しているが、二本の平行したながれがあるのではないか、ということからわれわれの考察を出発させよう。

ふたつのながれ

世界における二大宗教をここではとりあげる。二大宗教の源流をさぐってみようというわけである。

ユーラシア大陸を中心とする旧世界を、だいたい西の世界と東の世界とにわけてかんがえると、西におけるひとつの源流は、これはいうまでもなくメソポタミア、バビロニア、アッシリアである。バビロニアとアッシリアの地に発生したさまざまの宗教のなかで、だんだん整理されてひとつのものがうかびあがってくる。最初にうかびあがってくるおおきなものはユダヤ教であった。そしてキリスト教というものはユダヤ教のひとつのヴァリエーションとしてでてくる。発生の事情からいうと、両者は対立の関係をふくんでいるけれども、しょせん、ライト・モチーフはおなじなので、そのヴァリエーションとしてでてくる。

それに対して、東の世界で核となるものはなにかというと、やはりインドにおけるヴェーダの世界である。これはちょうどバビロニア、アッシリアの世界に対応する。ヴェーダ的世界では、ひじょうにさまざまな傾向をふくみながら、それがはっきりした形をとって組織されてくるのがブラーフマニズム、バラモン教である。

もし対応関係をもとめるとすれば、ユダヤ教にあたるものがバラモン教ということになる。そうして、仏教はバラモン教のなかからでて、バラモン教に対立しながら、バラモン教のひとつのヴァリエーションとして展開する。時代的にいうと、仏教の発生は前五世紀ごろとかんがえられるので、キリスト教よりもすこしふるい。仏教がさきにでてくる。仏教とキリスト教をくらべてみると、巨大宗教がコンクリートな形をとってでてくる事情はかなりにているのではないか。図式的におさえると、ユダヤ教に対してバラモン教、キリスト教に対して仏教が対応する。

ところで、仏教がガンジス流域から移動していってしまった。そのあとの場所はほかの宗教でうめられてしまった。なにに埋没したかということが問題である。つまり仏教およびキリスト教の故郷においてなにごとがおこったかということをトレースしている。仏教が発生した地盤においておこった変化は、バラモン教からヒンドゥー教への推移である。バラモンはのこりながら、しかもヒンドゥーに圧倒されて、ヒンドゥー教がそのあとにおおきな地盤をしめていく。

ユダヤ教のほうは、これもやはりのこりながら、そのあとからでてきたイスラームというものに圧倒され、おきかえられる。イスラームがその場所を占拠する。誤解をおそれずにいえば、だいたいイスラームはユダヤ教からでたものである。おなじストックからでてきたおなじ観念の再生産で

ある。

ヒンドゥー教も同様で、ヒンドゥーはバラモン教そのものということはできないけれども、バラモンとの対立のなかから再生産されていく。一種の近代型というとおかしいかもしれないけれども、あたらしい型のバラモン教の再生産品なのである。それが、バラモン教の異端者としての仏教を排除しながら、本流としての地位をしめる。だから東西の対応関係をみると、イスラームとヒンドゥー教が対応する。

西型と東型の対比

そこで、こんどは世界宗教の東方型と西方型というものをくらべてみる。東型はバラモン教、仏教、ヒンドゥー教という三つのもの、西型はユダヤ教、キリスト教、イスラームの三つである。東型と西型のタイプをくらべてみると、それはやはりちがいがある。

その特徴を整理すると、西型の宗教は全部共通していくつかの特質をもっている。それぞれ聖なる本をもっている。ユダヤ教の場合は旧約聖書。キリスト教の場合は新約聖書であるが、旧約聖書もひきついでいる。イスラームはコラーンである。コラーンは内容的にはじつにたくさん聖書と共通の要素をもっている。たとえば創世記の話などはおなじである。やはりアダムとイヴがでてくる。コラーンではリンゴのかわりに小麦になっているが、説話の型はおなじである。両者はおなじ観念の再生産である。

そして、これら西型の三者には、ひじょうにはっきりした超越的絶対神というものがあらわれてくる。それは名まえがちがうだけで、ヤーヴェ、エホバ、アッラーといずれもおなじものである。それと、もうひとつの特徴は予言者の存在ということである。予言者はユダヤ教ではモーゼ、キリスト教の場合はキリスト、イスラームの場合はムハンマド。この三人の予言者が、おなじ立場をもつものとしてあらわれてくる。絶対神と人間とのあいだの媒介者としてあらわれている。三つの宗教はこのように共通の構造をもっているのである。

これに対して、東方型はどうなっているかというと、そういうふうにきれいな型があるかどうかは疑問である。たとえばバラモン教、仏教、ヒンドゥー教、これらは共通して、きわめて多神論的ないしは無神論的傾向をもっている。一神教への傾斜をもたないということ、これは重要な点であろう。ヨーロッパのキリスト教徒たちは、こういうものをおくれた宗教、ふるい段階の宗教だとかんがえたが、そうではない。西型と東型は宗教のタイプがちがうだけのことなのである。つねに多元的なものに展開していくという方向を東型の宗教はもっている。仏教になると、多神教をこえて無神論のようになる。そういう傾向をもっている。

もうひとつの特徴は、ひじょうに実践的だということがある。たとえば東型の宗教全部に共通して、自分自身が行をすることによってなにものかをえられるというシステム、そういう苦行僧的発想がある。そのことは、バラモン教、仏教、ヒンドゥー教の三つともに共通していることである。

また、一種の輪廻的世界観というものがある。これは教義の話にふみこむことになるけれども、たとえば西型だと輪廻的にならないで、終末観的なものになってくる。

このように、東と西で、それぞれが三つずつかなりはっきりと共通の特徴をもった宗教グループにわかれる、ということがいまの主題である。

☯インドにおける仏教の運命

インドにおいて仏教がその後どうなったか、ということをもうすこし追跡してみよう。

釈迦の死後、教理をたしかめあうための結集《けつじゆう》とよばれる数回の大集会をへて、仏教はドグマ（教義）の調整をし、そうしてしだいに仏教の教義がかたまっていく。このようにして、のちの大乗経典のおもなものが成立するのは、二世紀ごろのクシャン朝の時代とかんがえられる。つまりここではじめて大乗教学というもの、たとえば般若、華厳、法華、浄土などの経典が成立するのである。だいたいこの時代が仏教の教団組織が確立する時代である。釈迦の活動の時期と、大乗経典が成立する時期とのあいだには、五〇〇年ほどかかっている。

キリスト教の場合は、キリストの死後間もなく新約聖書がかたまってくる。たとえば福音書の作者たちと、パウロ、ペテロの役わりというものは、仏教的世界ではだいたいナーガールジュナ（龍樹）がはたしている。龍樹の出現によって、仏教教学というものがほぼできあがる。これは三世紀のことである。

インドにおける仏教は四世紀ごろ絶頂に達した。九世紀になると、インドには完全にバラモン教が再生してくる。バラモン教が自分自身の経典を編纂し、ひじょうに強力な宗教としてのしかかっ

てきて、仏教の迫害をはじめる。仏教への迫害は単なる宗教的迫害ではなくて、もちろん政治的なものである。

それは、ラージプート族の勃興ということがつたえられている。いまのインドのずっと西よりにラージプターナというところがある。そこからでてきたラージプート族の王朝ができる。このときに仏教は大打撃をうける。バラモン教の再生とは、ヒンドゥー教の出現ということであるが、ラージプートの勢力とヒンドゥー教の勢力とがひじょうにつよくむすびついたのである。その政治権力のもとに仏教はおいだされる。それからのちは、だいたいにおいてインドはヒンドゥー教の全盛時代にはいる。インド亜大陸はヒンドゥー教一色にぬりつぶされていく。それでも仏教はかすかにのこっていたのだけれども、一三世紀には完全につぶれてしまう。そのつぶれた原因のおおきなものは、イスラームによる仏教寺院の破壊である。これが一三世紀初頭におこった。

ふたつの帝国

その後、キリスト教および仏教はどうなっていったか。ふるさとをすてたこの二大宗教がどうなっていったかということに話をすすめるまえに、古代から紀元一世紀前後にいたるまでの世界情勢、とくに世俗世界の状況をみておこう。

当時の世界にはふたつのよくにた状況が進行していた。ひとつは、西における地中海世界の発展ということである。もうひとつは、東のほうでの中国、とくに黄河流域における古代中国的世界の

展開である。

まず地中海世界のほうでは、これは紀源をいえば、もちろんクレタ、ミケナイのエーゲ文明というものからでてくる。それからギリシャの都市国家の時代がくる。このときにはアテネ、スパルタなどの、都市国家がきそいたつという状況がうまれていく。その都市国家群を舞台に、ギリシャの学問あるいは思想が展開していくのである。自由思想家が簇出する。このことは、宗教とは直接関係ないけれども、中国的世界との対応をもとめるためにここに注目する必要がある。

その中国的世界がおなじような状況にあった。古代的なパターンとして、中国では、殷から周へ、という経緯で古代国家が成立していく。それにつづいて春秋戦国の都市国家群の時代がくる。この、ちょうどギリシャとおなじ時代に、中国にもやはり自由な思想家が多数輩出している。この時期、さまざまな思想家のむれがギリシャでも中国でも活躍する。

ギリシャではアリストテレス、中国においては董《とう》仲《ちゅう》舒《じょ》が、それぞれの世界における思想の集大成をおこなったとみることができよう。ギリシャというときには、もちろんギリシャ半島だけをさすのではなく、東地中海一帯のギリシャ文明圏をさしているのである。中国の場合は黄河流域が舞台となっている。東地中海と黄河流域というものがほぼおなじ役わりをはたしている。ともに都市国家群であり、群雄割拠というか、つまり戦国的状態にある。東と西とで、たがいによくにた世界がそれぞれ形成されていく。

つぎにくる段階が古代帝国の時代である。それはどういうものかというと、西ではマケドニア帝国。アレキサンドロスによる東地中海とオリエント、ペルシャの統一という形をとってでてくる。

これが前四世紀のことである。前四世紀でヘレニズム帝国というものが成立して、東地中海の統一がなるのである。

おなじように、黄河流域の統一がおこなわれたのは前三世紀のことであった。前三世紀に、秦の始皇帝によって統一的な帝国が成立した。秦の始皇帝はまさに東の世界におけるアレキサンドロスである。両者はおなじ役わりをはたしている。征服につぐ征服によって、強大な軍事帝国として秦は出現した。マケドニア帝国も同様であった。このふたつの帝国は一代で転覆したところまでおなじである。

アレキサンドロスは東征して、ついにペルシャ、インドにまで達する。いっぽう、秦帝国は南征して、ついに長江流域にまではいる。ここではじめて、後世の地中海的世界および後世の中国的世界にちかい版図をもった帝国が形成されたのである。

それまで長江の南、越にはたくさんのひとがすんでいるけれども、中国的世界にははいっていない。秦帝国の南征で、はじめて越と黄河流域、長江流域と黄河流域が統一的世界にまとまる。長江流域にも文明がなかったわけではない。しかしそれは、黄河流域のものとはかなり異質なものであった。

西のほうでいえば、東地中海のギリシャ的世界とペルシャ的世界がここではじめて結合する。それまでメソポタミアは東地中海世界にはいっているけれども、ペルシャはそうではなかった。アレクサンドロスの東征によって、はじめて、ペルシャまでが西の統一的世界になる。その後の地中海文明の形成にペルシャ人がはたした役わりはきわめておおきい。

この時期に異質的なものがはじめてむすばれて巨大文明圏を形成した。これがのちの巨大宗教の発展の地盤になる。

ローマと漢

そのつぎにでてくる段階をたどってみると、西方世界において、マケドニア帝国の後裔としてなにがでてくるか。マケドニア帝国に雁行隊形をとりながらローマがでてくるのである。これは、拠点がどちらかというと西地中海であった。ローマは地中海世界を制覇していく。西地中海世界の制覇はだいたい前二世紀におこっている。そうして、マケドニア帝国を併呑して、東地中海をも領有する。東西の地中海がいっしょになるのは前一世紀のころである。これはいわゆる前三一年のアクチウム沖の海戦によってなしとげられる。

ローマ帝国の成立に対応するものは、東の世界では漢帝国の成立である。ローマの統一者はカエサルであり、前漢帝国の場合は劉邦である。このように東西両方で文明史的に平行するながれが着々と進行していく。

その時期に、オリエントとインドに発生したふたつの世界宗教がこの二大文明圏にそれぞれ伝播していく。まず、発生後間もないキリスト教はローマにむかう。キリスト教の成立直後、伝道者ペテロとパウロがローマ帝国の首都ローマにはいっていく。ここでおこったことはなんであったか。それはローマにおける皇帝崇拝との激突という現象であった。このとき、キリスト教は異教の神が

みと衝突する。西地中海における異教の神がみ、しかもローマはひじょうにつよい皇帝崇拝の国であった。キリスト教徒たちは地下にもぐりながらしだいに信徒を獲得していくが、ローマ的秩序とキリスト教的なものとが和解するのはずっとのちのことで、三〇〇年くらいおしあいがつづく。

東の世界においてはどうか。漢帝国の場合は、仏教はつぎのように展開する。

漢の皇帝は西域との同盟をはかる。そのとき漢はなにをかんがえていたかというと、対匈奴政策であった。対匈奴政策として、西の強国である大月氏と同盟しようとしたのである。このときの政局の担当者は、漢の七代皇帝、世宗《せいそう》武帝で、この世宗武帝が西方世界におけるカエサルの役わりを東方世界においてになうのである。カエサルがローマの版図を大拡張するのとおなじく、秦の始皇帝の統一のあとをうけて、漢の歴代皇帝、なかでも世宗武帝が中国的世界の大拡張をおこなう。ここで西域全部が漢文明圏にくみこまれる。

この間の西域への拡大は、前一三九年にはじまる張騫《ちょうけん》の西域遠征によってなしとげられる。かれは当時大宛国とよばれていたフェルガナをへて、バクトリア地方を領有していた大月氏にいたった。このときから、中国は西方諸国との交流をもつことになった。

その後、仏教はインドにおけるクシャン朝の庇護のもとに発展する。クシャン朝というのは、北部インドから現在のソ連領中央アジア、さらにはタリム盆地までをふくむ巨大帝国であった。このクシャン朝も、中国側には大月氏国とよばれている。その広大な版図に仏教は拡散していたものとおもわれる。

漢の武帝はその後、朝鮮に出兵し、越南に侵入している。そこまで漢の勢力がおよんだのである。

これが前漢帝国の最大の勢力圏であった。

中国に正式に仏教がもたらされたのは、紀元二年ごろのことであるといわれている。しかしながら、この外来宗教は容易にはその勢力を拡張することはできなかった。中国においては、仏教は中国固有の天帝信仰とあいいれなかったのである。

仏教がインドからどうなったか。仏教はまず大月氏へはいり、大月氏から西域諸国へはいっている。たとえばバーミヤーンの遺跡は三世紀から四世紀のころのものである。あのあたりで仏教はさかえた。一世紀初頭には、仏教はすでに漢までつたわっているが、しかし中国ではすこしもさかえなかった。どうしてかというと、ローマの場合とにていて、漢という時代は、政治が徹底的に優越した時代であり、漢は政治主義の帝国で、きわめて世俗的な国家であった。ローマがやはり同様で、皇帝崇拝といいながら、世俗的な世界をつくる。ローマでキリスト教がすっかり根をはやすのは、だいたい帝政ローマ後期にはいってからであった。

西域諸国においても、仏教が隆盛をきわめるのは、もうすこしのちのことである。クシャン朝のカニシカ王が仏教をあつく庇護したのは二世紀のことであった。中国に仏教がさかえはじめるのも四世紀になってからであった。

新宗教の受容

帝政ローマの後期に対応するのは、中国では南北朝であろう。漢帝国の体制がくずれて、中国の

政治体制は魏晋南北朝五胡十六国にうつっていく。このころになると、中国文明の政治主義はすたれて、六朝といわれる文化主義の時代をむかえる。中国は文芸的、宗教的時代にはいるのである。そのときに仏教が勢力を拡大した。六朝は政治的には過渡期といわれるけれども、おおよそ三世紀から六世紀後半まで三世紀つづいている。この時期は、政治権力としては中国は分裂しているけれども、その諸国家すべてが文化主義を指向していた。竹林の七賢などもこの時代にでてくる。老荘思想もこのころかなりひろがっている。

その時期に、権力者である皇帝自身が仏教に帰依していく。北魏の壮大な石造の仏像群はこの時代につくられたものである。たとえば雲崗、麦積山など、いずれもこの時代のものである。こうしたことが四世紀から六世紀の中国において進行する。

この時期は、時代の雰囲気としては文化的であり、人生探求というようなたいへん内省的な時代ということになる。そういう時期になって、仏教というものはたよりになるということになり、民衆のなかにもずいぶん信者を獲得していった。たとえば南朝四百八十寺の盛観を呈する。いわゆる江南文化のさかえるときである。政治とのむすびつきでいえば、六世紀のはじめ、梁の武帝は仏教帝国の建設を構想する。

仏教は中国には一世紀にすでにはいっていた。それにもかかわらず、隆盛期にいたるまで三、四百年またねばならなかった。ローマにおけるキリスト教の場合も同様であった。ローマでもなかなかキリスト教は根づかなかった。だいたい帝政ローマ後期にはいって、はじめてキリスト教はうけいれられて、ひろく世におこなわれるようになる。

帝政ローマ後期においても、やはりキリスト教帝国というかんがえかたができてくる。皇帝自身が熱心なキリスト教徒となり、キリスト教による帝国を構想する。ここにも東西の平行現象がみられる。帝政ローマは時代的にずっとながくつづくが、中国の場合は、六朝がおわってすぐに隋、唐とかわってゆく。六朝、隋、唐全体でだいたい帝政ローマのさまざまなうつりゆきに対応している。中国は六朝、隋、唐全部を通じて、たいへんつよい仏教時代を経験した。則天武后がでてきたり、たとえば法顕《ほっけん》、玄奘の大旅行というのは、いずれもこの時代、五世紀から八世紀ごろまでのことなのである。

興味をそそられるのは、西域からキリスト教の一派がこの時代の中国にもたらされたという事実である。四三一年のエフェソスの公会議において、キリスト教におけるネストリウス派は異端の宣告をうける。それをきっかけに、ネストリウス派は西のキリスト教世界から離脱して、中央アジア方向に教勢をのばす。このキリスト教の一派は、六三五年に最初のペルシャ人宣教団が唐に到着して、唐朝の保護をうけおおいに教勢をのばした。ネストリウス派キリスト教は中国においては景教とよばれた。その伝来と流行の経緯は、今日なお西安にのこる「大秦景教流行中国碑」にしるされている。大秦寺とは景教寺院のことである。

☯ 分裂の比較

以上が、ふたつの世界宗教がそれぞれ東へうごき西へうごいた経緯である。しかし、その過程で

宗教の分裂という現象がおこっている。それについて若干の展望をしてみよう。

仏教教団の分裂はどういう形でおこなわれたか。釈迦の没後、仏教教団のなかで意見のくいちがいを生じた。論争がおこり、いわゆる上座部仏教と大衆部仏教というはっきりしたふたつの流派が生じていく。それは教義上のあらそいであった。もっとも、ドグマ（教義）のあらそいではあるけれども、仏教教団がこれを機に上座部仏教と大衆部仏教とに分裂していく。大衆部はいわゆる大乗仏教であるが、その人たちは、上座部をさして、小乗（ヒーナヤーナ）仏教とさげすんだ。現在、小乗仏教は、テーラワーダ仏教あるいは南方上座部仏教の名でよばれている。

このふたつの系列は地理的にも分離した。大衆部はインド北部からバクトリア、さらに西域諸国をとおって中国にひろがったので、北伝仏教ともよばれている。上座部は、セイロン（現在のスリランカ）に伝播し、そこでさかえることになったので、これは南方仏教ともよばれる。その後は東南アジアへもたらされ、ビルマ、タイ、カンボジアなどが、いずれも南方上座部仏教の国となる。

このふたつの系統が決定的にわかれていくのは、さきにのべたラージプート族のインダス川流域の制覇によるものとおもわれる。これで北の仏教と南の仏教とが地域的にも分断されてしまう。そうして北の仏教は、はっきりしたいわゆる大乗系のものとして乾燥アジアを中心にのび、南の仏教は、セイロンから東南アジアへのびる。

ローマ帝国が東西に分裂したのは四世紀末のことであった。それにともなって、キリスト教会もまた分裂の道をたどるのである。キリスト教内部に教義上の問題がおこり、なんどかの公会議がひらかれて、正統と異端が決定される。公会議は仏教における結集《けつじゅう》に相当する。三二五年のニケー

ア公会議でアリウス派が異端とされ、四三一年のエフェソス公会議では、さきにのべたネストリウス派が追放される。四五一年のカルケドン公会議では単性論者が異端とされるが、それについてはのちにのべる。キリスト教において東方正教会いわゆるオーソドックスと、ローマ・カトリック教会の分裂が決定的になるのは一一世紀である。ここでキリスト教はローマ・カトリック教会と東方正教会とに分裂する。

そこで、西と東の世界の対比をみるとつぎのようなことになるだろう。西の世界は、やはりローマ帝国の東西への政治的分裂にともなう、完全な分裂がおこる。東においては、仏教が完全にわかれて、セイロンを中心にして南方仏教が東南アジアに拡大していくのは一二、三世紀のことである。これに対応をつけると、要するに大乗仏教、北伝仏教というものは、西の世界におけるローマ・カトリックと対応している。ローマ・カトリックと大乗仏教は、まさにおなじ道をあゆんだ。それに対して、東方正教会に対応するものは、東の仏教世界では南方上座部仏教である。

東方正教会と南方上座部仏教とのあいだには奇妙な類似点がある。たとえば、教会と国家とのむすびつきかたである。一般に東方正教会はギリシャ正教とよびならわされているが、教会は国ごとにべつべつになっている。たとえばセルビア正教会、マケドニア正教会、ブルガリア正教会、アルメニア正教会、ロシア正教会となる。すべて国家教会なのである。この点はカトリックが国境をこえた普遍教会であるのとつよい対比をしめす。カトリックという語そのものが普遍を意味している。

おなじように、大乗仏教が国をこえての普遍仏教であるのに対して、南方上座部仏教は、それぞれの国において王権とつよくむすびついた国家教会をつくっているのである。

チベットとエチオピア

七世紀、仏教はヒマラヤをこえてチベットにはいる。八世紀には、チベットは完全に仏教国となった。インドから高僧をくりかえしまねき、大蔵経の翻訳を完成するなど、高度の仏教化がおこなわれる。そうしてチベットを中心に、中央アジアの高原やモンゴルにひろまってチベット仏教圏というものをつくる。いわゆるラマ教である。このチベット仏教は大乗仏教の一派であるが、タントラ系の密教であって、金剛乗ともよばれる。ラマ教は仏教教団のなかできわめて独特の制度をもち、さまざまな宗教儀礼を保存した特異なものとして成立した。そうして、ツォンカパの宗教改革以後はイコノクラシー、ダライ・ラマによる王権と教権が一体化した一種の神権政治がチベットで成立する。

これとたいへんよくにた現象が西の世界にもおこっている。それはなにかというと、エチオピア帝国の成立ということである。エチオピア帝国がキリスト教に改宗したのは四世紀であった。これは、名目的にはコプティック・チャーチに属しているコプト派である。コプト派というのは、四、五世紀のころには、すでに東方正教会の一群のなかにはいっていることは事実である。中心はアレキサンドリアである。これはきわめて独特のキリスト教である。モノファイザイト、単性論的キリスト教、つまりキリストは神であるというかんがえかたである。かれらは神とキリストを分離しない。これは四五一年のカルケドン公会議において異端とされ、正統キリスト教団から排除された。

しかし、エチオピアは異端宣言にもかかわらず、コプト教会の信奉者としての態度を保持した。それが可能であったのは、エチオピアが山岳地帯にあって孤立した存在であったからである。単性論的キリスト教は、とにかく、神とキリストはおなじものであるというかんがえかたをつらぬいた。

　エチオピア帝国とコプト教会との関係は名目的なもので、アーチビショップ（大司教）はいつも外国からつれてくるという習慣になっている。エチオピア国内からそれを選出しない。これには政治的な配慮があるといわれている。

　おもしろいのは、このコプト派キリスト教がラマ教とよくにていることである。たとえば、巨大な修道院がある。そうして全領土の三分の一は寺の領地になっている。おびただしい数のモンク（僧侶）がいる。かれらは生産活動には参加しない。モンクが生活物資をずいぶん消費していて、エチオピアの最大のガンはモンクだといわれている。チベットやモンゴルのラマ教団の世俗的な意味での害悪とおなじことが、エチオピアでもおこっているのである。

　そうして、ほかの宗教は、これらの地域にはほとんどはいらない。チベット仏教もコプト派キリスト教もたいへん寛容だけれども、ほかの宗教ははいってこない。そうして国家と宗教とがつよくむすびついている。

　チベットには固有宗教として、仏教以前からボン教が存在する。エチオピアには固有宗教ではないが、キリスト教以前の宗教としてユダヤ教が存在する。ユダヤ教のあとへコプト派キリスト教がはいってきたのである。

　これらは特異な例だけれども、宗教も袋小路へはいるとこういうことがありうるという、ひとつ

の例になる。キリスト教のその後の発展からいって、モノファイザイトというものは特異なもので、西ヨーロッパではいきのびる余地がなかった。おなじように、ラマ教というようなひじょうにふしぎな制度は、他のアジア地域ではいきのびることはできないであろう。両者はいずれも内陸部に封じ込められて特異な発達をとげた。いわば陸封型（land-locked）の宗教なのである。

辺境の布教

東と西の本流の部分での対応をもうすこしたどってみよう。文明中心と辺境という問題がでてくる。文明中心は、いままでたどってきたように、ひとつは地中海におけるローマ帝国、もうひとつは中国大陸における漢帝国である。ローマ帝国と漢帝国はまさに対応する存在である。そしていっぽうはローマ・カトリック、他方は大乗仏教が対応する。東の場合は漢だけではいかないけれども、漢から隋、唐というひとつの中国的世界が形成される。そして、その文明中心に対して辺境が存在する。辺境においてなにがおこったか。西における辺境とは、アルプスのかなた、ゲルマンの世界である。東は、黄海、東シナ海の東、日本である。

そこでどういうことがおこるかというと、西ヨーロッパ、アルプスのかなたでは、ゲルマン国家が成立する。それは五世紀のことである。この時期に最初の文治的帝国、文明の基礎のうえにたつ国家建設がゲルマン世界でおこなわれる。これは高度にキリスト教的な形で成立する。アルプスの北では、文明をとりいれるということは、じつはキリスト教をとりいれるということとだいたい同

義語であった。つまりローマのイミテーション国家をつくったのである。フランク王国を統一したカール大帝のアーヘンの都市計画がローマをみならっている。そのとき、カール大帝は全面的にキリスト教をとりいれる。それは八世紀から九世紀にかけてのことであった。かれは高度にキリスト教的な国家をつくって、キリスト教をもって帝国をおさめようとする。

　日本でもおなじことがおこる。日本でも最初に文明をとりいれるときには仏教がはいってくる。そうして、国家の統治原理として仏教が採用される。日本の場合、カール大帝にあたるのはだれか。聖徳太子の存在があるが、よりよく対応するのは聖武天皇であろう。八世紀に聖武天皇による仏教帝国が成立する。そして、そのときの首都、奈良の都市計画は、やはり隋の都市計画をそっくり採用する。そのパターンから制度、文物、すべて中国にならう。西とおなじことが東でもおこったのである。国家形成にともなって、統治原理として採用されたものはキリスト教と仏教という、ふたつの世界宗教であった。

　国家の組織原理としては、西においてはローマ法、東においては律令という法体系が存在したが、民衆を武力ではなくて文明というものでおさめるとすれば、あたらしい普遍宗教をもちこむほかはなかったであろう。それまでは、日本でもゲルマンにおいても、支配の原理は暴力であって、力による征服の原理はあっても、国が成立した段階にいたると、それをどう統治するかという問題にぶつかる。それに応じうる装置として、寺院や教会がつくられていく。人間の心をやわらげる仕かけというものをもってこなければ統治はむつかしい。

　もうひとつ、カール大帝の統一国家において、かれはゲルマン諸氏族をくみこんでいった。当時

はまだゲルマンのクランの団体、氏族の神がいきていた。カール大帝のカロリンガ朝のまえのメロヴィンガ朝はその段階であったとおもわれる。

日本においても、奈良の聖武天皇のまえに聖徳太子の時代があった。その時代はやはり氏族原理をのりこえる時代であった。日本の場合は、天皇氏は他の氏族との対立をのりこえるために仏教を有効に利用したといえる。仏教は氏族のさまざまな並列関係をのりこえる原理として機能した。聖徳太子のことばとつたえられる「和を以て貴と為す」というのは、氏族間の妥協をゆるさぬ闘争を終結させ、対立を解消するためのスローガンであったといえる。その闘争の克服の過程が人びとの心の内面においても進行する。大乗仏教は普遍宗教であり、普遍宗教のはたす役わりというものは、それ以外の個別的、民族的宗教とは異質なものを内在させている。仏教の導入とともに、はじめて統一的な国家が成立する。内面的な統一をもった国家が成立するのである。

その時代には、帝国の中枢部では、都市経営、国家経営、制度・文物、政治原理としての仏教ないしキリスト教の教義というものが確立される。それと平行して、民衆に対しては強力な布教活動がおこなわれる。たとえば日本における行基の活動のように、津々浦々に布教僧が活躍する。国家においても、各地方に国分寺、国分尼寺を建立し、僧尼を配置して積極的に民衆の教化を推進する。おなじように、ゲルマンのなかでもたくさんのキリスト教の伝道者たちが遍歴していた。たとえばボヘミアの森のなかで杖をついてあるく伝道者たちがいた。そうして民衆を改宗させ、キリスト教をひろめた。かれらは後世、それぞれの国においてセイントだれそれといわれるようになる。そういうプロセスがこの時期におこる。世界宗教による精神の組織化は、国家の中枢部で進行するとと

もに、民衆のなかへ浸透していく。こうして辺境が宗教化していった。

　これまでの研究では、キリスト教の場合には、民衆への布教の面が強調され、説明されていた。日本の場合については、もっぱら国家宗教の側面が強調されていたきらいがある。しかし、両者においては、おなじことが進行していたものとおもわれる。ゲルマンの場合でも、たとえばカール大帝のキリスト教性というものはあまり指摘されないけれども、じっさいはそういう側面があったにちがいない。日本の場合にも、民衆への布教活動はさかんであった。キリスト教も仏教も、単に上層部、貴族の宗教としてだけとりいれられたものとは信じがたい。上層部とともに民衆へのつよい浸透があったとおもわれる。これらの大宗教が民衆に浸透することによって、人間精神の革命がおこったのであろう。大乗仏教とローマ・カトリックの人類精神史においてはたした役わりはこのようなものであろうとおもわれる。

共通語の成立

　宗教をめぐることばの問題をかんがえてみよう。宗教をさせる言語がなんであったかということである。

　釈迦は何語で説教したか。しばしばそれはサンスクリットではなかったかとおもわれているようであるが、そうではない。釈迦の言語はマガダ語である。サンスクリットははるか古代に成立しているが、のちのそれがくずれてプラークリットというようなものになり、さらに方言的なものにわ

かれていく。マガダ語はその一種である。プラークリットをもとにして、パーリ語がつくられる。釈迦が死んでからのち、仏教経典は全部パーリ語でかかれている。パーリ語が仏教語の地位をしめる。パーリ語の経典はほとんどアショカ王のときに編纂された。

西に目を転じよう。キリストは何語で説教したか。キリストはアラム語で説教した。アラム語はヘブライ語にちかい言語で、セム語の一種である。当時、イェルサレム近傍で断然優勢であった言語である。ところがキリスト教の経典はアラム語ではかかれていない。この点は仏教の場合とにている。キリスト教の場合は、旧約聖書はユダヤ教からの伝承物としてヘブライ語でかかれている。キリスト教独自の教典としての新約聖書はコイネー・ギリシャ語でかかれている。それはヘレニズム時代に成立した共通ギリシャ語である。

それがいまの新約聖書という形で編纂されたのは、いわば仏教でいうところの結集《けつじゅう》のような宗教集会によって編纂されたものである。新約聖書が現在の形をとるにいたったのは、三九七年のカルタゴ会議においてであった。そして西ローマ世界において聖書はラテン語化され、後世にうけつがれる。これ以後、西ヨーロッパ世界におけるすべてのキリスト教の教説というものは、だいたいラテン語によって展開していく。すくなくともローマ・カトリックの世界ではそれが進行する。

いっぽう、東方正教会のほうでは、いわゆるコイネー・ギリシャ語をいちおうの共通言語として展開する。そして、キリスト教がスラブ世界に移入されるにともなって、大量のキリスト教文献がギリシャ語から教会スラブ語にうつしかえられた。古代教会スラブ語は、キュリロスとメトディオスの兄弟によってつくりだされたとされるキリル語によってかきしるされている。

こうして、西ヨーロッパでは、カトリック世界の統一と、ラテン語による共通言語の成立とがふかくむすびついている。いわゆる世界共通語の成立である。ここで地中海とゲルマン世界というものは、キリスト教とラテン語というふたつのものを媒介にしてむすびつく。双方とも異質の世界でありながら、共通的要素をもっていく。

それとおなじことが東アジアでもおこる。つまり、大乗経典がつぎつぎと漢文に翻訳されていく。ここで漢文というのは古典中国語のことである。これによって、古典中国語を中心にする仏教的世界が成立していく。古典中国語は古典中国世界の統一共通語であった。日本もまたその文明圏のなかにくみいれられていく。日本と中国はまったく異質の存在でありながら、大乗仏教と古典中国語を媒介として、ひとつの東アジア文明圏を形成したのである。

古典中国語というものは、もともと書記言語である。口語としての漢語は、おびただしい方言群に分裂していくが、書記言語としての古典中国語は、東アジア文明圏における諸国家の知識層の共通言語として確立し、後世にまでひきつがれていくのである。

西の世界におけるラテン語がやはり同様である。ラテン語は、もちろんキケロ、カエサル時代の洗練された古典ラテン語は存在するが、口頭言語としてのラテン語は分裂に分裂をかさね、今日のロマンス諸言語群を形成する。そして、古典ラテン語は書記言語として西ヨーロッパ各国の知識層の共通言語となってゆく。

ただし、書記言語のよみかた、あるいは発音は各国各様である。古典中国語は中国、朝鮮、日本においてそれぞれまったくちがった音でよまれている。おなじように、ラテン語も国によってよみ

かたがことなる。キケロというよみかたは、おそらくは古典ラテン語の発音にちかいとされているが、イタリア語においてはチチェロであり、フランス語、英語においてはシセロである。

ひとつの文明圏における書記言語という形をとった共通語の成立というものは、たいへん重要なことである。

古典語と民族語

世界宗教の普及にともなって、世界共通語の教育がおこなわれるのは当然である。キリスト教世界の成立とともに、古典ラテン語の教育が普及する。すでに八世紀カロリンガ朝のフランク王国において、キリスト教の確立にともなってラテン語教育がさかんにおこなわれた。日本においては、仏教の導入とともに古典中国語、すなわち漢文の教育がおこなわれるようになった。この当時、教育とは古典的世界の共通語をおぼえることである。古典的世界の共通語をおぼえるということは、統治の技術を身につけるということを意味している。

近世になると、民族主義が芽ばえはじめる。普遍的な原理で構成されていた世界は、それぞれの民族的原理にもとづく諸民族国家群へと移行する。それにともなって、教養人たちの共通語としての書記言語はしだいに民族語にその地位をあけわたす。民族語の意識は世俗的な意識とむすびついている。ヨーロッパでは民衆教育に民族語がもちいられた。

日本の場合でもヨーロッパの場合でも、共通していえることは、大学と小学の分裂ということで

ある。大学というのは、これはまさに統治者のための学校で、統治技術をおしえるところである。古代日本においては、統治者のための学校は大学とよばれるが、近世にはいってからは、藩がこしらえている藩校がそれに該当する。これは現代の大学である。西ヨーロッパでも、ドイツの各地、ゲッチンゲンとかハイデルベルクなどの大学は、もともと各領邦国家の高等教育機関であって、日本の藩校に相当する。そこに藩士の子弟をいれて、統治技術をおしえる。そこで重要視されているものは古典共通語の教育であった。中等学校も、ドイツのギムナジウム、フランスのリセ、イギリスのグラマー・スクールなどは大学の予備校であり、それらの学校ではラテン語が教授された。グラマー・スクールのグラマーとは、ラテン語の文法のことである。

　ところが民衆はというと、日本の場合は寺子屋であった。ヨーロッパの場合も、やはり庶民の学校はちがっていた。庶民の子供をおしえる学校が別系統のものとして存在した。そこではよみかき、計算をおしえていた。そこでおしえられる言語は民族語であって、書記古典言語ではない。

　民衆のための教育機関は、時代からいうと一七、八世紀ごろから急激にふえてくる。これの特徴は、東西どちらの場合も、藩校あるいは大学とは別系統の教育であるということである。藩校にはいるものは寺子屋にはいる必要はない。両者は初等教育、高等教育というひとつづきの関係ではなかったのである。

　日本の寺子屋では、文字をおしえるが、それは古典中国語ではなく、「庭訓往来《ていきんおうらい》」などの日常実用言語であった。日常の用をたすものは民族語でないといけない。これは実用教育である。そしてその実用教育は民族語教育につながっていく。

統治の技術として、古典語教育だけではだめになってくるのは、だいたい一九世紀である。一九世紀になると、統治の技術としても民族語をつかわなければならないということがはっきりしてきて、各地の大学で民族語がつかわれるようになる。ヨーロッパ各国とも、はやいところで一八世紀、おおくは一九世紀にようやく諸大学の民族語化が完了する。それまでは、大学では主としてラテン語で教育がすすめられていた。

プロテスタントと浄土真宗

フランス革命のときには、学校教育において古典語のカリキュラムが大はばにへった。ラテン語の教師たちは失業しかけたのである。フランスの教育はだいたいこのとき全部民族語におきかわった。ドイツでは自国語で本をかきはじめるのは、一八世紀の哲学者カントあたりからである。かれの書『純粋理性批判』は、ラテン語まじりのドイツ語であった。一七世紀から一八世紀にかけての数学者ライプニッツは、まだラテン語をつかっていた。

西ヨーロッパ全域をみわたすと、一七世紀から一九世紀にかけて、民族語による教育と著作が普及しはじめるのである。もっとも、フランス革命もナポレオンのころになると、ラテン語を復興しようといううごきがでてくる。このように、ヨーロッパでは一八世紀から一九世紀にかけて、古典語教育と民族語教育とのシーソーゲームがみられるのである。

宗教改革のとき、改革者たちはラテン語の教典だけでなく、自国語訳の新約聖書をつくり、自国

語で教義をといた。日本における宗教改革は一三世紀の親鸞にはじまる。親鸞もまた、漢訳経典にくわえて、日本語による経典をかいた。和讃《わさん》である。このことは、プロテスタントを確立したルッターのドイツ語教典とおなじ意味をもっている。この時点で宗教の民衆化がはじまる。宗教改革者たちは民衆のわかることばで宗教をときだしたのである。

ところで、プロテスタントにおいても、浄土真宗においても、その成立は中世の封建制とふかくかかわっている。どちらも封建制のなかからうまれ、封建制に適応し、封建制とともに近世への移行をなしとげた。そもそも世界史において、中世における軍事封建制というものを成立させたのは、日本と西ヨーロッパだけである。このふたつの地域において宗教改革が展開したというのは、まことにもっともなことであったというべきであろうか。

日本において、プロテスタントに対応するものは、やはり浄土真宗である。いずれも宗教改革によって大衆的宗教運動として展開した。プロテスタントにおけるルッターに対比できるのは、浄土真宗においては教義的には親鸞であろうが、大衆運動の組織者としてはむしろ一五世紀の蓮如であろう。時代的にも、ルッターと蓮如の活動はほぼ同時期である。いずれも、封建体制のなかでみごとな適応をしめしながら、教団形成をしていく。つまり武装教団である。かれら自身が、ひとりの封建領主として世俗的権力構造を形成していく。かれらは封建制度にみごとに適合している。ルッターは諸侯とおなじようにふるまい、諸侯からも、そのひとりであるかのようにあつかわれている。かれは一種の領邦国家の王であった。日本の場合も同様である。蓮如も大名と同様にふるまった。その端的なあらわれが大坂の石山本願寺である。蓮如は北陸一帯を勢力下におさめ、そこで領国の

経営をやっていた。それはひとつの宗教教団領であった。

ところが、一般の封建領主と宗教教団とは、基本的原理がちがっている。教団はもともと超領土的な原理にもとづくものであるから、領土をこえてひろがりはじめる。そこで封建領主たちは恐慌をきたす。浄土真宗は宗教教団でありながら、大坂に堂々とした城のような石山本願寺と寺内町をもっていた。これが拡大すれば封建領主たちにとっては自滅につながる。そこで、一六世紀の覇者たちはそれとの闘争と妥協をはかったのである。その結果が、つまり顕如のときの石山本願寺寺内町の解体であり、一六世紀末から一七世紀初頭にかけての本願寺の入洛と、東西本願寺への分裂である。このことは、宗教教団側の武装解除を意味し、封建体制下における教団のありかたが、近世のあたらしい秩序にくみこまれたことを意味する。ここで、はっきり聖と俗の分離、べつの原理にたって、しかもおたがいにおりあいをつけてやろうという体制となった。ドイツのルッターのプロテスタント教団においても同様の過程が進行して、聖と俗の分離的共存体制になる。

こうしてこの時期に、はじめて信仰の自由がみとめられる。教団として世俗権力との妥協に際して、浄土真宗の第一一世教主であった顕如は世俗権力者に一札いれている。政治のことについてはさからわない。そのかわりに、教団は布教の自由を獲得した。プロテスタントもおなじであった。政治に関与しないかわりに、超領土的な布教活動の自由を確保した。宗教戦争のあと、ユグノーの乱のフランスでは、のちに宗教に関する寛容の原則ができた。ここで政教分離の基本的な体制が成立したのである。

中世末期のヨーロッパでは、カトリックとプロテスタントの領主間の闘争が拡大して、三十年戦

争をまきおこす。日本の場合も、応仁文明の乱から戦国にかけての動乱は、その原因をかならずしも宗教上のあらそいに帰することはできないが、各地の一向一揆など、宗教上の問題がからんでいたことはうたがいをいれない。いずれも、中世から近世への幕あけを意味する動乱であった。

教区と檀家

キリスト教世界においては、カトリックの場合も、英国国教会の場合も、プロテスタントの場合も、教会の活動は教区とよばれる小区域に分割されている。この種の区画制は近世以前から存在したが、宗教改革を契機に、変貌しつつ完成していく。封建制下にあって、宗教が封建領主とおなじゆきかたをしていたのでは、世俗的領主制と競合する。そこで、聖俗の妥協が成立してからは、領土の行政とはべつに、宗教区域制としての教区が完成する。俗権とはべつな区画わりが成立したのである。いままで同一平面であらそっていたものが、このように平面をちがえることによって、おなじ空間をべつの原理で分割できる。それは世俗的権力との妥協を前提にしているのである。

こうした教区制の成立は、人民の分割をも意味する。すなわち、精神界における人民支配がおこったのである。だれとだれとは自分の教区に所属するという関係が成立する。日本においては寺に檀家制が確立した。

中世においては、宗教改革以前は僧院制であった。これは世俗的な世界からのいわば逃避場という意味がつよかった。中世においては、僧院それ自身が現世的、世俗的な領土制のなかにはまって

おり、それ自身がそうとうの領土をもって、各地に小領主として存在した。比叡山はその代表例である。寺は寺領をかかえ、多数の僧侶をやしなっていたのである。

　そして、近世にいたって、宗教教団の区役所的役わりが確立される。宗教における檀家制は、行政とはべつの原理にもとづく人民分割ではあるが、近世の日本においては、寺はしばしば行政における末端の機構として利用された。寺は現代における区役所のように、人民登録所としての機能をおわされていたのである。おなじことはキリスト教世界においてもおこり、教区はしばしば行政の末端組織の役わりをになった。この時期に、人民の誕生と死の管理、あるいは冠婚葬祭を教区の教会や寺がつかさどるという機能がでてくるのである。じっさいは寺が行政をしたわけではないけれども、行政の一端をになっていた。すべての人民はかならずどの寺かへくわわらなければならない、そういう制度が成立した。

　教区制も檀家制もじつにうまいシステムであった。西ヨーロッパも日本も、信仰の自由をみとめなかったのではない。人民は全部どこかに属さなければならないけれども、各宗派は自由戦争であった。さまざまな寺がある、人民はそのどれかに属している。こうして檀家というものが成立する。

　中世にはそれがない。特定の寺と特定の個人のむすびつきは、貴族の菩提寺の場合をのぞいては、人民のあいだでは存在しなかった。これが発生するのは、やはり宗教改革以後のことである。

　それでは、宗教改革のなかった国では檀家制がないはずだという推論になるであろう。じっさいそのようである。たとえば南方上座部仏教圏には檀家制がない。東南アジアの諸国においては、仏教はきわめてさかんであるが、特定の寺と特定の個人とのむすびつきはひとつもない。自分の菩提

寺というものがない。国民皆僧で、男は全部一ど出家する。坊主になるときに、自分はどこの寺にはいらなければならないということはない。自分の気にいった寺にはいればよい。これはサンガ、すなわち僧院なのである。寺自身はどうして維持されているかというと、無限定の布施で維持されている。僧侶はどこの家からでも布施をうけとることができる。このように、南方上座部仏教圏においては、寺が特定の檀家によってささえられるということはない。

東方正教会の場合、インド、中国の場合、いずれも同様に、教区あるいは檀家制は成立していないとおもわれる。これらの地域においては、国家権力と宗教が一体化する形で体制が維持されてきたからである。わたしはこのことを、南方上座部仏教圏にあるタイにいってはじめて気がついた。檀家制の存在はその宗教のありかたとして重要なことだとおもう。

ヨーロッパにおいて、宗教改革以後、修道院というものは意味をうしなった。宗教改革までは、修行僧などの聖なる人間を媒介にして神と接するというかんがえだった。ところが宗教改革以後は、それがいらなくなった。信仰のみによって人びとは神と直接にむすばれるからである。そうして、フランス革命のときに修道院領は政府に没収された。イギリス革命でも同様であった。日本の場合も、明治維新期に廃仏毀釈政策とともに上知令が発せられ、寺院は寺領を没収された。

☯ 聖と俗の分離

わたしはまえに「文明の生態史観」という名で、旧世界を第一地域と第二地域とにわけるという

かんがえかたを提示した[*1]。第一地域は旧世界の両端、すなわち西ヨーロッパと日本である。第二地域は、そのほかの全ユーラシア大陸をふくむ。

この宗教の比較文明論においては、西にむかってのびひろがったキリスト教と、東にむかってのびひろがった仏教とを対比的にとりあつかっている。その場合、カトリックおよびプロテスタントの分裂と、大乗仏教の諸宗派と浄土真宗の分裂とを対比的にとりあつかった。これはいずれも生態史観でいうところの第一地域でおこったことである。カトリックおよび大乗諸宗派は第一地域と第二地域にまたがって存在するが、プロテスタントと浄土真宗の存在は、第一地域に特有の現象である。

第二地域型というのは、わたしの見当では、檀家制あるいは教区制が成立していない。僧院的なものがつよく存在する。

宗教と世俗的権力とのむすびつきのタイプからいうと、第一地域型は聖俗分離型である。聖と俗が分離したうえで妥協し共存している。第二地域型は聖俗融合型である。つまり、妥協でなくて合一している。第二地域にはそのようなつよい傾向がみられる。そこでは、国家はいわば一種の教会国家となる。この地域においては、世俗的権力者がそのまま聖なる世界の首長であるという傾向がつよい。第一地域に属する日本では、すくなくとも近世以後そういうタイプの政権は存在しなかった。はっきりと聖と俗が分離して、俗の優越性が確認される。聖の世界はそれとの妥協のもとに、水準面をちがえて活動する。

すでにのべたように、東方諸正教会は、それぞれの国家体制にふかくむすびついている。それの

はっきりした例は、第二地域でさがせばロシア帝国のツァーである。ツァーというのは、ロシア正教の守護者であり、ロシア正教会の事実上の主権者でもある。さらにオスマン帝国が同様である。トルコの皇帝は正統なるカリフ、イスラームの正当な宗教上の首長でもある。中国における清朝の皇帝も同様であった。ラマ教は清朝とふかくむすびついて発展した。清朝の皇帝はロシア帝国のツァーとひじょうによくにた立場にあった。皇帝は天帝をまつる権利の保持者であり、また自分自身はラマ教の教主とはならないけれども、教主をべつにたてておいて、自分が全面的にそれに帰依し、同時に政治の権力をすべてにぎっている。皇帝は空間、時間のすべての支配者であり、宗教教団全体は皇帝への奉仕者であるという形をとっている。一六世紀のインドに成立したムガル帝国の皇帝も同様である。皇帝はインドにおけるイスラームの首長でもあった。チベットはいうまでもない。

　南方上座部仏教圏もやはりおなじであった。一九七〇年代まで、東南アジアの仏教圏における各国の国王は、すべて熱心な仏教信者でなければならなかった。これはそれぞれの国の当時の憲法に規定があった。タイでは現在の憲法にそれがでてくる。もちろん他の条文において信仰の自由をうたっているが、国王は仏教徒でなければならないというふうに規定されている。

　第二地域型ということでいうと、ローマ教皇は第二地域型である。ローマ教皇は政治権力と宗教権力がつよくむすびつくという形をとっている。現在では、イタリアは第一地域に属し、カトリック世界のおおきな部分は第一地域にふくまれるが、歴史的には、かなりの程度に第二地域型の特徴をそなえていたものとおもわれる。ローマ教皇は宗教上の首長であると同時に、広大な教皇領の世俗的君主でもあった。かれはイタリアの世俗的権力の世界にしばしば介入して、ときには衝突をも

ひきおこしたのである。

第一地域型はこれらとはたいへんことなる。第一地域型では、それだけに世俗化が進行してゆく。聖と俗を分離して、俗の優越性をみとめるとともに、聖の世界は個人の内面の問題という形をとる。じっさいの社会構造は、聖がものをいう部分がちいさくなり、世俗化がすすんでいく。日本は、第一地域のなかでも宗教の世俗化がもっともすすんだ地域として位置づけることができるであろう。そういう点では、キリスト教国はカトリック、プロテスタントをとわず、日本よりまだおくれているけれども、いずれはこれらの地域も日本のようになるのではないだろうか。世界はますます世俗化が進行し、宗教ばなれの様相を呈するのである。事実は、宗教が世俗化することによって、宗教なしでいきていけるという体制が、社会的に着々と準備されていくのである。

マックス・ウェーバーの『プロテスタンティズムの倫理と資本主義の精神』[*2]においてのべられたかんがえかたを日本に適用して、日本には近代資本主義の精神がないという説をなすひとがある。しかしそれは当然のことで、日本にはプロテスタントがないからである。しかし、わたしのように、歴史における平行現象をみとめる立場をとれば、その対応物は発見できるはずである。

日本にはプロテスタントはないけれども、浄土真宗というものが存在する。浄土真宗の特質をかんがえると、それ以前の大乗教団とだいぶちがう。これは、たとえばいちじるしい個人主義である。いわゆる儀礼の世界からおおきく解放されている。信仰は個人の内面的な問題になっている。くわえて、たとえば呪術的なものもなにもない。いわば近代宗教である。倫理的な規範はたくさんあるが、それの中心をなすものが勤労主義である。はたらくことは善なんだということが宗教によって

裏うちされている。そうして、どちらかというと他力本願である。自分のベストをつくすことによってのみ完全にすくわれる、そういうひとつの倫理体系になっている。ベストをつくすということは、宗教的苦行とはまったくことなる、世俗的な行為である。浄土真宗は、じっさいの生産をやりながら成仏できるという構造になっているのである。すくなくとも民衆はそういううけとりかたをしていた。つまりこれは僧院主義の否定、戒律の否定であった。

　浄土真宗における他力本願とおなじことがプロテスタントにも存在する。絶対的宿命論、決定論である。各人にとってどういう審判が神からくだるかはわからない。そしてそれはすべて、平等に神からきめられる。ただ個人の行為のみによってそれはあたえられる。それは、人生において成功するなどの形であらわされるというのである。これは浄土真宗とおなじである。仏のまえにすべて平等だという教義とおなじなのである。

　利潤をえて金をためる、勤労によって成功する、こうした行為をいままで正当化する宗教はなかった。プロテスタントと浄土真宗では、それをむしろ神あるいは仏の恩寵のしるしとしてみとめたのである。

　日本においてそのよい例は近江商人である。近江商人はほとんど浄土真宗の信徒であって、浄土真宗の教団のなかにいる。かれらの拠点は京、大坂だけれども、同時に北陸にも力をのばしていた。近江商人は大量に福井、金沢へいって、その地で商権を確立した。かれらはたいへんな勤倹力行《きんけんりっこう》主義であった。営々とはたらいて、あとは自然にたまるのだというかんがえかたで、いつでも仏壇をおがみながらはたらく。また、大阪の船場では、方角とか日を忌むという呪術的なタブーから解放

されていた。それがかれらの商業活動をおおきくたすけた。大阪の船場の人たちは浄土真宗の熱心な信奉者であった。これが日本における「プロテスタンティズム」なのである。

＊1　梅棹忠夫（著）『文明の生態史観』（中公叢書）一九六七年一月　中央公論社〔「著作集」第五巻『比較文明学研究』所収〕

＊2　マックス・ウェーバー（著）大塚久雄（訳）『プロテスタンティズムの倫理と資本主義の精神』一九八八年四月　岩波書店

宗教改革とその反動

日本のなかでの大乗教団の分裂と発展をみてみよう。日本では大乗教団のなかから、宗教改革で浄土真宗がでてくる。いっぽうで、ふるい大乗教団はそのままのこっている。これはどうなっていくのか。

ふるい大乗教団のなかから、禅宗がでてくる。禅宗の一派、臨済宗が中国から日本にもちこまれるのは一二世紀のおわりであるが、それが定着するのは一三世紀以後である。禅宗は鎌倉上層武士を中心にひろがっていった。

ヨーロッパのカトリック世界において、日本の禅宗に対応できるものがあるであろうか。細部にわたって対応をもとめるのはむつかしいが、もしあえて対応物をあげるとすれば、フランスのジャンセン派などをあげることができよう。ジャンセン派の成立と活動は、日本の禅宗よりもうすこし

時代がくだって一七世紀ごろであるが、それはルッター以前からカトリック教会内部において進行していた、教会改革運動のながれをくむものであろう。

ルッター出現以後は、いっそう反宗教改革運動としての宗派がうまれるが、そのなかでももっとも戦闘的で強力であったのは、イエズス会派であった。日本において、このイエズス会派の対応物をもとめるとすれば、日蓮によって創唱された法華宗がそれにあたるであろう。

日本においては、一二世紀の法然による浄土宗の開宗や、一三世紀の親鸞による浄土真宗の開宗などに、どのように対応するかという問題をはらみながら、それへの反動として、戦闘的な教団である法華宗が成立する。これはヨーロッパにおけるイエズス会と同様な役わりを日本においてはたしていたものとみられる。

ふつう、禅宗と浄土真宗と法華宗は、日本ではおなじようにあたらしい宗教だと認識されているが、ほんとうにあたらしいのは浄土真宗であって、日蓮がひらいた法華宗は、浄土真宗に対する反動形態のひとつなのである。

こうした日本における宗教改革の時代において、いちはやく権力とむすびつこうとしたのは反宗教改革運動であった法華宗や禅宗である。それらは権力へ接近したのに対し、浄土真宗は権力との対決姿勢をふかめていった。浄土真宗と世俗権力である封建領主とは、一六世紀にいたって激突することになる。

日蓮は古代政権の勢力下にある地頭などの支持がつよいなど、ふるいものとのむすびつきが顕著である。それに対して、浄土真宗は農民とか商人、下層武士などを信徒としてかかえ、あたらしい

社会集団を形成していった。この点が、浄土真宗と禅宗あるいは法華宗とがひじょうにことなる点である。法華宗や禅宗は、ある意味では近代化された大乗教団、旧教である。あたらしいタイプの旧教といえるであろう。

それに対して、天台宗とか真言宗はふるいタイプの旧教となった。鎌倉以前は、天台宗、真言宗という宗派は日本仏教の中枢であって、比叡山がその学問の中心となっていた。これは国家の保護をうけて活動がつづけられていたのである。宗教改革後、これらの大乗教団における旧教は学問宗教としての性格をつよめてゆく。

ヨーロッパでも、宗教改革ののちに信仰の自由がみとめられる。ことに近代のブルジョワ革命のあと、信仰の自由は確定したのである。それまでは、宗教といえば国家宗教であった。イギリスでも、フランスでも、ドイツでも同様で、領主の信仰が領民の信仰であった。宗教改革以後は、それが私的なものに移行していく。ヨーロッパでは宗教改革を端緒として、政教分離あるいは聖俗の分離が確立するが、それはやはり第一地域型の特徴であった。

第3章
民族学者の発想「宗教について」

＊

梅棹忠夫×中牧弘允

梅棹忠夫は昭和61（1986）年３月12日の朝、突然、視力を喪失する。その病気入院中、「民族学者の発想」という企画で、目の見えないときに梅棹がかんがえたことを記録するために、国立民族学博物館の若手研究者たちが梅棹と対談を行った。宗教をテーマにした対談の相手は、突如として急性四肢麻痺に冒されていた中牧弘允であった。

（■■は同席者の発言である）

☯ 技術体系としての宗教

中牧　このあいだ、梅棹先生が入院しておられた病院でおうかがいしたのですが、先生の目がみえなくなって病院にはいられたときに、病棟の廊下に魑魅魍魎《ちみもうりょう》がいたという話ですが……。

梅棹　魑魅魍魎ということばで表現したけれども、要するに、暗闇のなかに、しろい入道雲みたいなものがいっぱい、もくもくと両側にたちあがり、通路をふさいでいる。なにかしらないが、わけのわからない怪物がいる。視界はまっくらではなくて、そういう奇怪なものがいっぱいみえているのです。ほかのものはなんにもみえないというのに。これはたいへん奇妙な体験だった。

　こういう話は宗教の話とつながりがあるのかどうかわからないが、わたしはむしろきわめて唯物論的にうけとめた。そんなものはただの神経の反射の話であって、宗教というような高尚な話とはちがうのだ。病気をして、わたしはたいへん唯物論的になったね。

　宗教というものの意味は、逆にそういうところからわかってきたという感じがする。宗教も唯物論的世界における技術の一種として、なるほどこれは意味があるというような話なのです。もちろん唯物論的ということばはよくないけれど、要するに宗教は心理的、精神的現象のなかでの技術論だということだ。神秘体験とか、超自然的体験とかそのようなものとはちがう。

　わたしは入院してから、何度かある種の不安と恐怖を経験した。それはあきらかに、ある種のシ

ヨック体験なのです。カァーッときて、それにともなって生理的反応がはっきりとあらわれます。ものすごい発汗作用をともなったり、それから血圧が突然にあがったり、心悸亢進などはあります。しかし、そういったものはすべて臨床的に対応できるものなのです。

■■　具体的には精神安定剤をのむとか、血圧をさげる薬をのむとか……。

梅棹　それで一発でおさまる。しかし、それぞれに副作用がともなうことだし、毎日、朝から晩までそんな薬をのんでいるわけにはゆかない。

わたしの感じでは、だだっ子の頭をなでるみたいなものだった。自分の精神のなかでむずかる子どもの頭をなでて、かわいい、かわいい、しずまりやというわけです。そういうしずめるプロセスの技術体系がありうる、ということなのです。それをじょうずに体系化したのが、宗教だろうということなのですね。

わたしは自分の目がみえなくなったことを、なにかのたたりだとか、神罰だとか、超自然的なもののせいだとは、まったくかんがえていなかった。これは単にウイルスにとりつかれただけのことなのだ。その点はしごく明快だった。ただ、ひじょうな不安と失明の恐怖で、精神がゆれうごいたことは事実です。そのときはじめて、こういうところに宗教の効用があるのかなとおもったのです。

☯医学と宗教の分業

梅棹　病院にいて痛感したのは、近代医学というのは精神のことにはいっさい不干渉なのだね。ノ

ータッチだ。不安とか恐怖というのを医者にうったえかけようとしても、とりつく島なし。中牧君も大病をしたが、そのときはどうだった？

中牧　ぼくはギランバレー症候群という急性四肢麻痺の病気にかかったのですが、そういう不安というのはあまりなく、精神的にはきわめて安定していました。というのは、最初にお医者さんが、この病気はとにかくよくなると、ひとこと保証してくれたのです。もっとも最初の一週間くらいは、多少もんもんとしましたけれども。

梅棹　そういうことはたしかにある。わたしの場合は、かならずなおるとはだれもいってくれない。なおっていないという逆の実証はいくらでもできる。医者も確信がもてない。いわないのです。これにはたいへんこまった。

中牧　ぼくの場合、医者が確信をもって予後はいいといってくれた。そうすると、不安はないですね。最初は他力信仰でも、あとは自力でリハビリテーションをすれば、とにかくよくなるのだという展望がひらけるから、不安にさいなまれることがないのです。

梅棹　そういう意味では、展望をあたえるというのは、医学のもつ宗教的要素かもしれないね。しかし、わたしのこんどの体験では医者はそういうことをいわなかった。そしてなにか症状があらわれたら、とっさにパッと処置する。するとその症状はきえるのです。血圧がたかくなったといったらパッとさげるし、心悸亢進したら、そんなのはなんの苦もなく対応できるわけです。それで患者は眠ってしまう。しかし、それで精神的苦悩みたいなものはとけたわけではない。

■■　生理的に血圧があがったりするのも、精神的不安からでてくるのだとおもいますが、その生

理的現象は薬でおさえられるけれども、その奥にある心の不安はとれないということですね。

梅棹　とれない。そこで、なるほど宗教というものが技術体系として成立する可能性は、こういうところにあるとおもったわけです。医学では対応できない部分がある。あるいは、はじめから対応していない部分がある。

　医学というものの文化史的な発展をかんがえても、宗教との対決をさけてきたのではないか。ここからは宗教の領域として、魂の問題にあえて医学はふみこまなかった。だから、精神科とか心療内科がいちじるしくおくれたのもそういうことではないか。医者ははじめから自分で活動領域を限定していて、あえて患者の精神的な部分にふみこもうとはしなかったのではないか。

　いまでも医学は、どうも心の問題はさけてとおっているようにおもう。

中牧　そういう役割分担みたいなものはありますね。ですから、宗教の側には医者からみはなされた患者を相手にするとか、あるいは医者があつかわない問題を宗教の独占物にして生きのころうというような戦略がありますね。

梅棹　どうも、そういうことがあるとおもうな。

中牧　それに、科学でも、分析的な科学というものはひじょうにこまかいところまでしらべてゆきますけれども、ひとつの総合的な見とおしみたいなもの、とくに精神領域において、それをあたえてくれるようなものは発達していないかもしれませんね。精神科のお医者さんは、いろいろな心理テストをやって、ひじょうにこまかいところまでしらべます。また、そういった精神療法がありますけれども、おおきな見とおしをあたえるような、患者をはげます体系みたいなものはすくないの

かもしれませんね。

梅棹　医学というものは、どうもそういうことにあまり適していないな。科学というのは、あるいは医学というのはそちらの方向へむかっていない。病棟のなかでみていると、この人たちはどうなるのかということをかんがえざるをえない。わたしは毎夜、病棟のなかを散歩するのだけれども、あっちこっちからうめき声がきこえてくる。これはちょっとかなわないな。

病室は禁煙だから、喫煙室へみなさんでてきて、おしゃべりをしている。そこできいたことだけれど、各病棟みんな陰々滅々らしいね。いちばんにぎやかで、ほがらかなのが眼科ですと。なぜかといえば、眼科ではまず死ぬ可能性がないということだ。わたしも目がみえなくなって陰々滅々になったけれども、それと質的にちがうのです。わたしの場合は目がみえないというだけで、死ぬ可能性はないのだ。

ところが、おおきな大学病院にほうりこまれてくるひとは、だいぶ具合がわるい、むつかしい病気のひとがおおい。内科に入院したひとがおもしろおかしくいってくれる話では、患者の病室がときどきかわるのだそうです。それが看護婦の詰所へ接近するたびに、死に一歩ちかづいたということで、看護婦詰所の隣までいったら、もうおしまいだそうです。

病院側では、そういう人たちのくるしみに対応することが、むしろタブーのようになっている。

中牧　シャーマンとかウィッチ・ドクター（呪医）とかメディスン・マン（呪医）なんていうのは、病気もなおし、魂も救済するという両方の機能をはたしているわけですけれども、それが近代文明社会の場合は、医者と宗教家というふうにわかれてしまった。

■■　病院がみはなしたものを宗教がひきうけているわけでしょう。

中牧　死をめぐる三大産業というのがありまして、病院と、宗教と葬儀屋。これらの三大産業は、みんな機能分担を明確にしているために、それを統合するものはないですね。

梅棹　葬儀屋さんは葬儀の儀式をうけもっているのであって、何教でもやってくれるのですよ。さっと衣がえしてやってくれる。

中牧　その三つが寄りあつまって、死に対する総合的なケアをするということはいっさいないのです。みんな機能分担して、それで対処しているという体系しか、いまの日本にはないですね。

梅棹　外国にもないのとちがうか。

中牧　アメリカあたりでは、宗教と病院とは、かかわりがふかいですね。

梅棹　宗教団体が経営する病院もたくさんありますね。日本では仏教が経営する病院ってあんまりきいたことがないな。あるのかな。やっぱり。

中牧　仏教系はすくないですが、天王寺の病院があります。

梅棹　これはもっとも由緒ある仏教だわ。

中牧　キリスト教にはおおいですし、天理教やＰＬ教団にもあります。宗教と医学を統合しようとしている稀有な例ですね。

未知の不安

梅棹　わたしはこのあいだ、ほんとうに奇怪な体験をしました。ＭＲＩ（磁気共鳴像）という機械です。ＭＲＩというのは、巨大な磁場をつくって、体内の水素分子の共鳴現象を利用して、人間の輪ぎりのイメージをつくるという。それが最近開発されて、その巨大な機械が千里の国立循環器病センターにある。わたしはそこにおくりこまれて、その機械にかけれられた。

ほそいベッドのうえに横たわると、うえにプラスチックのカバーをかけられる。ゴムのボールみたいなものをもたされて、くるしくなったらこれをにぎりしめろという。耳にイヤホーンをつけ、むこうからの指令はそれできくわけです。カバーをかけられ、そのままわけのわからない空間へスーッとおくりこまれた。

そもそも、その装置のある部屋にたどりつくまでがたいへんだった。まるで宇宙基地にのりこむみたいに、車いすでながい廊下をつたって、部屋のまえまでおくりこまれる。しかし、そこから部屋のなかに車いすではいれない。というのは、その部屋自体が強烈な磁場になっているので、車いすは、たちまちくっついてしまうのだそうです。それで金属はすべてはずせ、というわけです。時計はいうにおよばず指輪もね。いちおう入れ歯もはずした。

それでベッドのうえで、しずかに目をとじて横たわっている。まわりからダンダンダンダンという音がして、なんともふしぎな気もちになる。こういう経験はなんというのでしょうか。極楽でも

ないし、もちろん地獄でもない。しかし、一種の異世界体験だね。異次元の世界だね。

中牧　ＣＴスキャンはわたしも経験しているのですけれども、あのようなものではないですか。

梅棹　あのようなものと全然ちがう。それも、そうとう長時間やられる。つぎは二〇分ですとかね。二〇分間ダンダンダンダンやられたら、やっぱりちょっとおかしくなる。

■■　いたくもかゆくもないのですか。

梅棹　いたくもかゆくも衝撃もなにもない。ただ音がまわりからダンダンダンダンきこえているだけです。

　わたしはすこしずつ大理石のなかに、自分自身がうめこまれて、きざみこまれてゆくという幻想をもった。

　これも一種の異常体験ですね。いままで人間がかんがえもおよばなかったような、へんな体験です。そこにいれられても死ぬわけではないということはわかってるし、平然としているのだけれども。

　人間は高速の列車にのったり、飛行機で空をとんだり、そういう異常体験をつぎつぎとのりこえてきたわけです。そのような異常体験が、これからの世界にはまだまだでてくる。そういうものを精神がひとつひとつのりこえてゆかざるをえない。そのための心がまえみたいなものの体系化が必要になっている。

　しかし、ここでもひとつの技術の問題かなとおもったのは、ＭＲＩの検査にはいるまえにお医者さんが、自分が実験台になってなんべんでもやっています、といってくれた。それで安心感がうま

れた。

中牧　未知ではないのですね。

梅棹　未知ではない。しかし、場合によると未知を体験しなければならないこともある。宇宙へいくというのはそうだろう。

中牧　人間には未知はものすごい不安なのですね。

梅棹　ものすごく不安なのだ。しかし、その意味では、科学というのは未知の領域をいちじるしくせばめてきた。どんどん縮小してきて、そのために未知に対する不安感というものは、それぞれの個人にとってはひじょうにちいさなものになってきているとおもうのです。最後にのこるところは、ほんとうに局限されて、死の世界だけではないのかな。ほかの身体的異常はいろいろあって、あたらしい病気もでてくるけれども、それが死につながるかどうかというところがきめ手で、死につながらないものだったら、たいしたことはない。

中牧　不安の度合が全然ちがいますね。

梅棹　全然ちがう。

死の恐怖

梅棹　ところで、お釈迦さんがかんがえた人間の四つのくるしみというのは、何と何だったかな。

中牧　生、老、病、死。

梅棹　どれもけっきょくはおなじようなことだけれど、それがおそろしく普遍性をもっていて、老とか病というのはだれもが体験せざるをえない問題だ。

中牧　そのなかでいちばんおおきいのは、やっぱり死でしょうね。だから、死をあつかわない宗教はかんがえられない。

梅棹　死をどうのりこえるかということだね。

中牧　死の問題に対する対処のしかたでも、変遷はあるだろうとおもいます。中世では、天国であろうが極楽であろうが、そこで来世というものがまだ存在するという体系を神学的につくりあげ、人びともそれを信じていた。しかしいわゆる科学の時代になってきたときに、来世がだんだん崩壊してくる。

梅棹　たしかに来世の崩壊という現象があるね。

中牧　そうすると、たとえば天理教などでも「出なおし」というふうにいって、死という表現はつかわないですね。死に対する無関心がでてくるような気がする。

　現世志向的というふうにいいますけれども、とくに目のまえのいろいろなくるしみ――病気であり老いであり、それから貧や争というくるしみに対する対処のしかたを、とにかくつくりあげてゆく。そこでスポッと来世がきれてしまうのですね。

　浄土真宗はずっと来世をいいつづけてきていますけれども、最近は浄土というのはあの世にあるのではなくて、この世に浄土や極楽や地獄があるのだといういいかたにかわってきている。

梅棹　そうすると、死後というのはどういう具合にかんがえているのだろう。死後というと、はな

はだインチキくさくなるが、死というものをどうかんがえるのか。死をどういう具合におだやかにむかえるのか。要するに死はやはりくるしみでしょう。精神のくるしみだからね。

キリスト教世界はしらないけれども、日本などは死の作法みたいなものが急速に崩壊したのではないか。だから、たいへんくるしい社会になってきているような気がするね。安心立命がいちじるしくこわれたというか、どうしたら安心立命できるのか、だれもおしえてくれない。わからないようになっているのだ。

わたしは病院でそれを体験したけれども、たくさんのひとがくるしんでいるのだね。病院で死ななければならないと。しかし、病院のなかにはそういう安心立命の装置はいっさいはいっていない。そうすると、どこからそれを注入するのか。せいぜいのところラジオです。ラジオをきいていると、宗教の時間があって、各宗派の説教がある。短時間だけれどね。それを各宗派がかわりばんこにやる。しかし、あんなものでいったい安心立命できるのかな。

■■　アメリカでは一日中、牧師さんが説教している放送があるのですってね。

中牧　それは有線放送（CATV）でしょうね。日本ではとにかく死を病院におしこめているのです。物理的に死を病院におしこめていながら、しかし、死のハウツウというのは病院には存在しないという奇妙なことになっているのですね。

アメリカでは、死の恐怖にいかにしてたえるかというような精神医学がさかんになってきていまして、たとえば癌でとおからず死ぬかもしれない患者に対してのケアをどうするかということで、症状にあわせた段階的な心がまえを説いているのですね。

死というのはかならずくるのだと。それに対して段階的に、いまはこういうことをする段階、つぎはこれというふうに、死にむけて自分の魂が成長してゆくのです。こういうかたちで精神療法をおこなっているのですね。

梅棹　わたしにはそれがひじょうによくわかるな。やっぱり魂の成長ですよ。死にむかって、死を平静にうけいれるように魂が一歩一歩と成長してゆくというプロセスがある。病院ではそういうことがぽっとぬけているな。

要するに、病院には死をむかえつつある患者はたくさんいるけれども、そのくるしみは患者の個人負担になっているのです。

中牧　ですから、くるしみをともにする関係というのは、病院ではできにくい。たとえばアメリカの場合ですと、牧師や神父とかが病院にしょっちゅうきて患者をはげましますね。ところが、日本では坊さんがいったら毛ぎらいされて、もうおむかえがちかいのではないかということになるので、坊さんは病院にはたずねていかないことになっている。そのあたりのシステムのちがいというのが、キリスト教文化圏と日本の宗教文化圏にありますね。分担がひじょうにはっきりしているのですね。

■■　ケースワーカーというのが、そのへんの中間の仕事をしているのではないですか。

中牧　ケースワーカーはたしかにそうですけれども、日本ではあまり発達していない。ホスピスという施設もあるけれども、これもほんとうにかぎられた病院にしかない。

梅棹　つまり日本の場合は、死というものを回避した文明になっている。ところが、よくかんがえてみたら、だれでも死ぬのよ。すべての人間が自分の体験として、これをうけとめるほかないでは

ないか。つまり生きているということの反面なのです。死ぬということは生の反面なので、すべての人間が共有している運命ですね。どこかでこれをむかえなければならないし、どこかでのりきらなければならない。そういうものについての反省というか、心がまえをつくる技術が欠落している。
しかし、わたしは、だから宗教が大事だとはけっしておもわない。宗教にもそういうものが欠落している。

☯死をめぐる文明圏

梅棹　いま、宗教という二千年来の説得技術が破綻をきたしつつある。

■■　その現象は世界的なものですか？

梅棹　世界的だね。キリスト教は比較的強固な体系をもちつづけているけれども、たとえばソ連における安心立命策などはどうなっているのかな。

中牧　あるいは中国ですね。

梅棹　中国は、もともとおそろしく現世的な世界です。ちょっとちがうかもしれないけれど、どちらも現象としては直面しているのはおなじことだし、そこはどうなっているのか。

■■　ソ連は、ロシア正教の教会にいってもいいようになっている。

梅棹　ものすごく熱気があるというか、ひじょうに宗教的雰囲気にみちた教会がたくさんある。みんないのりながらオイオイ泣いているよ。

中牧　それは老人がおおいのですか。

梅棹　わかいひともいっぱいいる。ひじょうにおおいとはいえないが、モスクワの市内にも熱心な人たちのあつまる教会があって、わたしはそこへいったことがある。ほんとうに敬虔なものですよ。きらびやかな法服を着た坊さんがでてきてミサをやる。わかいひともいるが、全体としては中年以上のひとがおおいですよ。

それから、モスクワの北方で、五、六〇キロはなれたところに、ザゴールスクというロシア正教におけるバチカンみたいなところがある。これはじつにうつくしい教会群で、色とりどりのドームがずらっとならんで、一大宗教都市になっている。そこの入口のとびらにイコンがえがいてあるのだけれども、それに直接口づけしているひとがたくさんいる。ソ連においても、宗教はあきらかに生きているという感じだね。

しかし、それが全ソ連文明の基調にあって支配しているのかというと、どうもそうはいえない。しかし、ソ連でもひとは毎日どんどん死んでいく。その魂はどういう具合に、すくわれるのかしらないけれども、とにかく、どうあつかわれているのかしりたい。魂というものは救済の必要がなくなりつつあるのか、死んでいくのはしょうがないということなのか、そのへんはどうですか。

中牧　ソ連や中国のような、共産主義を基調とする社会では、死後の問題がどうなるのか。そのへんのことはよくわからないのですが、ひょっとしたらひとつの文明圏をこれから形成するのではないかという気がします。

死者のアフターケア

梅棹　もうちょっというと、死におもむきつつある魂を救済しようとすることは、生きている人間のおせっかいであって、死んでいく者はしかたがないのだ、ということでよいのかどうか。よいかわるいかという問題ではないかもしれないけれどね。

中牧　そういう意味では欧米の社会も、死んでゆく魂に対して生きている人間は無関心ですね。墓に対して関心がものすごくうすい。それから、キリスト教では天国にいってから、この世にもどってくることはない。これはイスラームもそうですね。死者に対する関心はひじょうにうすい。

梅棹　その点では日本では死者に対する関心は濃いのか。

中牧　伝統的にはひじょうに濃かった。ただ、そういう関心がひじょうにうすれてきていることは事実ですね。

梅棹　やっぱり濃いか。先進的とはいえないな。

中牧　キリスト教でもカトリックの場合には、死ぬのはしょうがないというさとり方ではないですね。ブラジルの場合でも、「死者の日」というのが一一月の二日にありまして、みんなお墓まいりをします。これはカトリックの伝統をひいているものが、いまでもつよくのこっているわけです。プロテスタントは、人間の死んだあとはしらんという、ひじょうにつめたい態度をとりますね。おなじキリスト教でも、カトリックは死者に対してのアフターケアは、まだ根づよくのこっているよ

うにおもいます。ギリシャ正教もそういった体質というのは、まだのこしているような気はしますけれども。

梅棹　古代エジプトなどでは死者と生者の共存体系があって、このふたつで世界が形成されていたわけだね。現在でもナイルの左岸……西側はネクロポリス——死者の都です。ピラミッドも全部左岸にならんでいる。右岸が生者の世界。その両方で現実世界を形成している。それはむかしの信仰でいえば、あれは死者がかえってくるということなのか。

■■　かえらないのです。むこうにいったままなのですけれども、むこうでもおなじような生活をするから、いろいろなものをいっぱいもたせて死んでいってもらうわけですね。エジプトの場合はかえってこないですね。輪廻みたいに、またもとへもどってくるということではないですね。

　いまのお話ですけれども、死者の世界の存在を信じたり、これから死にゆくひとに、死者の世界というものがあるから安心しなさいと安心立命をあたえることと、そのようなことを信じる信じないにかかわらず、現実に死にゆくひとをどうなだめるかということとは、ちょっと話がちがうのではないですか。

梅棹　ちがいます。むしろ現世的技術としてきわめて必要なのは後者のほうです。

中牧　そうすると、プロテスタントは死にゆくひとの世界をあつかう体系を発達させているわけですね。カトリックは死んでしまった者に対する体系を発達させている。

■■　さっき中牧さんのいわれたお墓まいりの話は、すべて死者に対してするものですね。そうではなくて、死んでゆくひとに対するケアはどうでしょう。

中牧　カトリックの場合は死者に対するケアがあるから、死んでゆくひとはそういうふうにあつかわれるということで安心をえるわけです。だから死者をまつることは、死にゆくひとのためにもなるのです。

■■　死者の世界が存在しないとしても、なおかつ死んでゆくひとに安心立命があたえられるかということですね。

梅棹　一括していえば、どちらも技術論であって、いわば死者の世界というものの現世化をはかることによって安心立命をさせるか、あるいはそういう舞台装置、またはシナリオによる安心立命でないやり方があるということだな。カトリックは舞台装置のほうでしょう。それから浄土もそうだね。それはひとつの宗教の類型として、かなりおおきいとおもう。舞台装置方式というやつだな。

☯宗教の呪縛

中牧　現在、ほんとうにみんな神様を信じなくなってきていますし、ご先祖様もあてにしなくなってきている。かといって、子孫もたのみにならないわけですね。

■■　つぎはどこに魂の安心立命の準拠をおくのか。現世しかないわけだ。

中牧　この傾向は、二一世紀にはもっとすすむとおもいますね。

ただし、ぼくは未来の宗教についてきかれると、いつもにげるんです。おれは予言者ではないから、そんなことはわからんといって。

梅棹　未来のことはすべてわからん。しかしあえてそれにおもいをめぐらすということも必要です。わからんといってしまえば、みもふたもない。

　ただ、おもしろいのは、人間はさまざまな、いままでなかったような体験をして、そのたびに、ある種の超越的体験をしいられる。いちばんよくわかる例といえば、ロケットにのって宇宙へとんでいって、地球をみたという場合ですね。そのときにある種の宗教的体験がでてくる。月にいった宇宙飛行士たちが、やっぱり神についてかたっているのだね。

　それがおもしろい。その神さんはキリスト教の神さんでしょう。この宇宙飛行士もキリスト教文化につよく影響されている。地球から脱出したけれども、地球の一部分における文化の呪縛からは脱出できていないということです。そのへんがたいへんおもしろいなとおもった。地球引力よりも、キリスト教のほうがはるかに呪縛力がつよい。魂がしばられている。

■■　宇宙飛行士が月の世界をあるいて、すぐちかくに神の気配を感じたといっていますからね。

梅棹　それぐらい呪縛がきいているのだね。われわれが月へいったとして、となりに阿弥陀さまの気配を感じるかといったら、感じないとおもうな。

■■　それは地球にいたときの宗教をふくめての教育の問題でしょうね。われわれには全然そういうのがないですから。最新の宇宙船にも、ずいぶんふるくさいひとがのっているということですか。

梅棹　ふるくさいといってよいのかどうか、ちょっとよくわからないけれども、なにかおそろしく矛盾撞着したものの同時存在だね。矛盾撞着といえるのかどうかもよくわからないけれど。つまり、宇宙船をとばすという行為そのものは何なのか、もうひとつよくわからないけれどね。すくなくと

も、キリスト教的なさまざまな神の幻影みたいなものから、きりはなされたところで成立した文明であることは事実だ。それが月へいってみて、またそこで神と遭遇しているという、たいへんおもしろい回路が出現した。そのへんのところに現代の問題というか、いまかんがえなければならない未来予測のひとつの鍵があるような気がする。

☯宗教復興の可能性

梅棹　わたしはこんど目がみえなくなるという奇妙な体験をした。これはかなりの不安をともなった。死につながるとはおもわないけれども、わが人生の生き方には直接つながるので、これはやっぱりしんどいことです。からだのほうはまだ当分もちそうです。自分の人生には、ある種の予測があった。その予測の図面がやぶれてしまったのです。

■■　病気とか、あるいはカタストロフィーというのはそういうものかもしれません。堂々としてきずいてきたものに対して、カタストロフィーが一瞬にくるというのは皮肉なものですね。

梅棹　そうなんです。交通事故もそうです。中牧君の全身麻痺した病気もそうでしょう。

中牧　でも、一瞬にきたものは比較的回復がはやい。慢性のものはいちばんややこしいとおもいますけれどね。

梅棹　二〇世紀というのは、いままでの人間の歴史のなかで、もっとも急速に魂の救済体系が崩壊したということでしょうね。この一〇〇年間における全世界の崩壊現象はすさまじい。

中牧　梅棹先生がよくいわれているように、一九世紀は科学の時代で、二〇世紀はその科学をくいつぶした時代だと。そういう意味では、魂の救済というものは、科学の出現によって、衰退の過程にはいったのだろうとおもいます。

　二一世紀はどうなるのでしょうか。いまは魂の救済に対する信頼感がものすごくうすれた。だけど、これは世界的にみると地域的にかぎられていますね。欧米とか日本とか、あるいは中国、ソ連あたりもそうかもしれませんけれども。しかしながら、逆に魂の救済というか、宗教のはやる世界というのがいまでもありますね。そういう宗教復興のような現象がみられますね。

梅棹　しかし、それも現象からいうと、いちばんあたらしい現代的、部分的宗教だな。部分的救済という点からいうと、新興宗教がいちばんおおいのはアメリカと日本です。特別におおい。

　だから、むしろ旧大陸は――ヨーロッパはどうかしらないけれど、大盤石のように巨大宗教ががんばっているところがおおい。その点で中国、ソ連がどうなるのかということがわからない。マルキシズムというもので安心立命ができるのか。

中牧　日本とアメリカばかりでなく、ヨーロッパでもだいぶそういうあたらしいうごきはあります。ブラジルでもすごくおおい。

　現象的には、宗教復興のきざしというのはあるのだろうとおもいます。しかし、それはある意味では、合理主義の裏がえしみたいなものです。科学の時代といいますか、合理的な時代で、ここがわからないからこの領域は宗教が分担するのだということなのか。あるいは合理的なものですべて割りきろうとする社会に対するひとつの反発なのかもしれない。それに、非合理的なものに対する

憧憬というのが、でてきているような気がするのですけれども。

　ですから、現象的にあらわれてくる宗教復興みたいなものは、おそらく二一世紀をになわないだろうと。やはり合理的な社会が、このままベースとしてはつづいてゆくのだろうとおもいます。

梅棹　それはそうです。中世はもういっぺんでてこないわ。

中牧　二一世紀の予言としては、基本的ベースはかわらないとおもいます。

梅棹　かわらないな。それはわたしもそうだとおもう。

中牧　非合理的なものが一方ででてくると同時に、もうひとつあそび的な要素が混入し、まじめに信じるわけではないけれども、宗教や宗教的な観念がもてあそばれる時代がくるのではないかな、という気はするのです。

梅棹　わたしはすでにそうなっているね（笑）。

中牧　心のなかに余裕があるのです。世界がだいたいわかってきていて、わからない部分はほんのすこししかないのですよ。それをどう解明するかということに時間とエネルギーをついやせるだけの余裕のある時代というのが、二一世紀には、はっきりしてくるという気がするのです。

梅棹　わからないというのは、説明不可能という意味ではないのですね。どうも説明はできない。科学で説明できる部分はきわめて限界があって、なんにも説明できないけれども、それを宗教が説明するというような理解は、科学に対しても宗教に対してもたいへんな誤解だとおもうな。はじめからそういうものではないのです。

　わたしはいちおう科学をやったから、科学の限界というものをひじょうにはやくからしっていま

す。科学ではほとんど、なにごとも説明できない。

中牧　二一世紀は宗教の時代にはならない。

梅棹　まあ、ならんな。ただ、科学では説明はできないけれども、未来の予測の幅というものはひろがっている。予測可能性の拡大。それはじりじりとおおきくなっている。おそらく人間の歴史のなかで現代は未来の予測可能性は最大になり、まだ増大過程をたどっている。人間の死についての予測可能性さえも、ずいぶんおおきくなってきている。最後の予測できない、ごくちいさい部分のところに宗教はかかわっているのだな。

　しかし、予測可能性はそれぞれの人間の一生、生きてゆくあいだに身につける文化、あるいは教育、社会の影響のなかで形成されるものだから、全部おなじとはいえない。そうすると、味もそっけもない話になるけれども、地球上のなかで予測可能性というものが普及しない世界は、現在のアフリカとかインドとかでしょう。そうとうひろい。宗教はやっぱりそういうところだけの話なのか、ということだな。そうとちがうのか。

中牧　地域的に限定された世界でしかない。

■■　そうすると、いまの大宗教、たとえばキリスト教が地域に適合するために、ずいぶん基本理念を組みかえなければならないということにはなりませんか。

中牧　基本理念を組みかえないで、ずっとのこるとおもうのです。とにかくものすごい余力をもってのこるだろうと。

梅棹　それはそうだな。宇宙に飛びだしてものこるのだから。

■■　そうなのです。あれだけの機械みたいな人間をおくりだしても、神を身近に感じるというのですから。

梅棹　たぶんそうだとおもうな。

中牧　だけど、おなじように仏教も神道ものこるとおもいます。

これだけすごい体系があるわけで、日本にキリスト教がはやらないのは、やっぱり仏教や神道があるからで、これがいちばん単純で明快な答だろうとおもうのですよ。

梅棹　そこがわたしの比較宗教論の原理なのだ。*

それは優劣の問題ではない。伝染病にいっぺんかかったひとは免疫ができて、二どとかからないということです。

＊　梅棹忠夫（著）「比較宗教論への方法論的覚え書き」『人文学報』第二一号　一―一八頁　一九六五年一二月　京都大学人文科学研究所

この論文は、つぎの本に収録されている。

梅棹忠夫（著）『文明の生態史観』（中公叢書）一九六七年一月　中央公論社

この本には文庫版がある。

梅棹忠夫（著）『文明の生態史観』（中公文庫）一九七四年九月　中央公論社〔『著作集』第五巻『比較文明学研究』（一九八九年一〇月　中央公論社）所収〕

梅棹忠夫（著）「宗教の比較文明論への試論」『比較文明学研究』「著作集」第五巻　二三五―二六九頁　一九八九年一〇月　中央公論社

梅棹忠夫（著）「諸文明における宗教の層序学」『比較文明学研究』「著作集」第五巻　二七一―三一八頁　一九八九年一〇月　中央公論社

宗教は文明を操縦できるか

梅棹　宗教論というのは、かなりしんどい話だな。

中牧　お医者さんもあまりふれない話ですから。

梅棹　宗教家はもちろんふれないし。

中牧　宗教家はふれないといいますか、自分たちの領域がせばまる話になりますから、なんとか領域を確保しようとして、いま躍起になっている。

梅棹　そういう点では宗教活動はひじょうにふしぎな状況に追いこまれてきたといえる。なぜなら科学、あるいはもっと現世的な政治とか経済の強大な圧力のなかで、宗教が追いこまれたからだ。宗教家の立場というのは労働組合みたいなもので、自己の権利の確保と主張のためにほんとうに奮戦しなければならないわけだ。自分たちがたべてゆけないというような状況にきているわけだな。

■■　宗教家は労働組合というのは、おもしろいアナロジーですね。経営権は科学のほうにあるわけですか。

梅棹　そうです。現代の世界の経営権というか運転力は、科学、あるいは合理主義がにぎってしまっている。労働側はそのなかで、いかにして生きのびるかということに必死の努力をする。だから、いろいろな自己主張の論理をつぎからつぎへとかんがえざるをえない。そうでないと自滅するんだね。えらい世のなかになってきたから人をすくわなければいけないとか、布教しなければいけない

とかはおもっていない。こんなことをいったらおこられるかな。

中牧　だから、たとえばヨーロッパでは危機意識がものすごくあって、そのために世俗化ということがいわれています。カトリックとプロテスタントは、もともとは協調しようなんてことはなかったにもかかわらず、手をむすんで世俗化に対抗しようといううごきがでてきたわけですね。

梅棹　その意味では、万国の労働者は団結せよというところへきているのだな。万国の宗教家は団結せよということです。

　敵はカトリックでない。あるいはプロテスタントでもない。もちろん仏教でもない。敵は合理主義だ。現世的世界を運転しているやつらだというところへきているのだな。ちょっとおもしろいことだね。

中牧　それで手をにぎるはずもなかった宗教家同士が協力しはじめた。

梅棹　その点では、大本教の万教同根という思想は、ものすごく先覚的な観点のものだった。宗教自体の一種の危機を先どりしたのではないかとおもう。わたしは大本教信者ではない。けれどもその点で共感するところはある。

中牧　万教同根といいはじめたのは、一九二〇年代ぐらいですね。第一次大戦がおわってから。

梅棹　おわってからだな。

中牧　なにか危機意識があったのですね。

梅棹　現実に、戦後でも大本が主催して世界宗教者会議というのをやった。それに全世界の宗教家たちがあつまった。おかしいものです。それは地球上の各部分、つまり各文明のなかで宗教のおか

れている立場の共通性があるからだ。
　現代において、宗教がその文明の操縦力をまだにぎっているという社会は、ほとんどないのとちがうだろうか。インドやイスラームはどうだろうか。

中牧　イランなどは宗教が政治を奪回していますが……。

梅棹　しかし、あの国はほんとうに宗教が運転しているのだろうか。

中牧　どうなのでしょうか。

■■　たとえば戦争というような事態になったら、宗教は運転の動力にはならないでしょう。イスラームなどでやっている戦争は。

梅棹　ならんとおもうな。イスラームどうしでやっているのだから。
　なにかほかの力を借りなかったら、この現世は運転できない。むかしから、キリスト教はいくらでも戦争をしてきたけれどもね。

■■　たしかに十字軍のころから大航海時代までは、ヨーロッパはキリスト教が社会を運転していた。

梅棹　キリスト教的諸観念が原動力になっていた。

中牧　また、キリスト教は封建制のなかで領地をもっていた。経済力をもっていたのですね。

☯宗教と近代

梅棹　話がとんで比較文明論みたいになるけれど、日本において、どこから近代がはじまるか。や

はり中世は宗教が原動力になっていたと、いちおうかんがえてよいとおもう。そうすると近代がはじまるのは、信長による叡山焼き打ちだとわたしはかんがえている。近代は、この宗教の原動力からの脱却にはじまるんだ。一六世紀後半から日本の近代がはじまる。信長というのはたいへんな人物で、あそこで中世はおわったのではないか。それまでは大名でも、みんな宗教的背景があって、それでうごいているね。それがきれてしまうのだ。

中牧　日本の世俗化はそこではじまったわけですか。

梅棹　わたしはそういう説なんだ。だから、日本の近代というものの起点は、すくなくとも一六世紀後半からはじまるとみないといけない。

中牧　たとえばブラジルでは、おそらく中世から、近世を経ずして現代にパッときてしまったのだとおもうのです。中世的世界はカトリックが支配する世界だとすれば、いまのブラジルのおかれている状況というのは、近代もほとんどぬきで現代がきてしまったために、それに対する社会的な矛盾が、ものすごくおおきいとおもうのですね。近代化にどうやって対処していくかという、ノウハウの蓄積がすくないわけです。都市化の問題とか核家族化の問題とか、いろいろな問題がいっきょにおしよせてきているのですね。

梅棹　しかも、現代ブラジルのさまざまな経済的、政治的なものをうごかしている力が、ドイツ系とか日系とかのきわめて現代的な世界観をもっている連中がやっているのだからね。ドイツ系とか日系というのは力がつよいからね。

中牧　それにアメリカがはいってきた。むかしのポルトガル系とはほとんどきれてしまったわけで

すね。だから、矛盾もいろいろでてきて、宗教もはやる。だけど、これも一時的なものであって、先ほどいった世界のながれというのは、合理主義のながれといいますか、それはもはやおしとどめることはできないだろうとおもいますね。

梅棹　できないな。

中牧　先ほど日本が近世にはいるのは叡山焼き打ちで、宗教が原動力にはなれなくなったといわれましたが、ヨーロッパが中世から近世にうつるときに、おなじような現象があったのでしょうか。中世は宗教が原動力として影響力があったとすれば、近世にうつるときの原動力はなにか。マックス・ウエーバーによれば、それをプロテスタンティズムだという理論にもってゆくわけですけれども。

梅棹　基本的にそういうことだろうね。

■■　それで日本と対応できますか。

梅棹　それがそうぴったりといかないところがあって、なぜ全ヨーロッパがプロテスタンティズムにならなかったのか。しかも、プロテスタンティズムにならなかったところも近代化してる。イタリアはおくれているけれども、フランスは近代化した。それのひとつの契機になっているのは、例の新教と旧教の熾烈なる闘争だ。だから、かなりの時間がかかっている。バルテルミーの大虐殺やらがあってね。

中牧　西欧のほうが、きりかえがもたついたわけですね。だから、段階的なきりかえがある程度できたのだろうとおもいます。ブラジルなどをみると、いっきょにそれがきてしまったのですね。プロテスタンティズムを媒介としないで、歴史のながれが段階を経ずに中世のカトリックから現代に

きてしまったというひずみは、いわゆる第三世界におおいのではないですか。

梅棹　それがどうなるか。たとえば、インド世界などをかんがえたときにどうなるのか。わたしはインドについての知識はそれほどふかくはないけれども、そうとうの混乱をまねくのではないか。

■■　けっきょく、インドはヒンドゥーイズムの呪縛からのがれられないのではないでしょうか。ヒンドゥーイズムは、なんでもとりこんでしまう。だから、共産主義みたいなものがきたら、それもヒンドゥーイズムの一派だぐらいのとりこみをやってのけます。単一の価値を軸とした合理主義の世界には、なかなかはいらないのではないでしょうか。

梅棹　といって、世界の国際社会化というのは確実にすすんだね。それの枠組になっているのは合理主義である。それをこわすことはおそらくできない。すくなくとも、あと数十年はできないだろう。共産主義国家といえども、すべてそのルールにしたがわざるをえない。ただ、たとえばイギリスふうの経済学みたいなものはこわれざるをえない。ある部分、これこそは合理主義だとヨーロッパの人たちがおもっていたのが、かならずしもそうでなかったという現象はあるね。合理主義の幅がかなりひろくなったというか、文化の相対化という現象はそれだけ進行したのだな。単なる部分文化としての合理主義ではなくなってきている。一国文化としての合理主義ではなくなってきている。いままでだったら、ヨーロッパのかんがえることはみんな合理的であるとおもっていたけれども、そうはゆかないということだね。それでも、ひろい意味での合理主義というものが依然として世界を支配していくであろう。

初出誌、底本一覧

●第1章

『千里眼』一三七号―一四七号（二〇一七年三月―二〇一九年九月、千里文化財団発行）に連載の中牧弘允（著）「梅棹忠夫の『日本人の宗教』」に加筆修正。

●第2章

近代化と宗教、宗教の比較文明論への試論

「梅棹忠夫著作集」第五巻『比較文明学研究』一九八九年一〇月、中央公論社

日本人の宗教生活

「梅棹忠夫著作集」第七巻『日本研究』一九九〇年八月、中央公論社

神がみの正月、家庭における神と芸術

「梅棹忠夫著作集」第一九巻『日本文化研究』一九九二年六月、中央公論社

●第3章

中牧弘允、梅棹忠夫（著）「宗教について」梅棹忠夫（著）『民族学者の発想―人間のいとなみを語る』一九九二年七月、平凡社

梅棹忠夫略年譜

※地名等の固有名詞は、当時のままとした。

西暦（和暦）	満年齢	事項
一九二〇（大九）	〇歳	六月一三日　京都市・西陣にて出生。
一九二七（昭二）	七歳	京都市立正親尋常小学校に入学。昆虫採集、標本づくりに励む。
一九三二（昭七）	一二歳	正親小学校第五学年修了。京都府立京都第一中学校入学。博物同好会に入部。合宿で山の魅力にとりつかれ山岳部にも入部。もっぱら京都北山を歩く。
一九三四（昭九）	一四歳	「山城三十山」の改訂作業に参加。その山岳誌『山城三十山記　上篇』に執筆する。
一九三五（昭一〇）	一五歳	京都一中で京都帝国大学白頭山遠征隊の今西錦司隊長らによる冬季白頭山の初登頂報告会がおこなわれた。上映された記録映画を見て、未知の土地への探検の道を歩もうと決心。在学中に山城三十山を完登。『下篇』の編集、執筆をする（『山城三十山記　下篇』）。
一九三六（昭一一）	一六歳	京都一中第四学年修了。第三高等学校に入学（理科甲類）。山岳部に入部。植物標本づくりに精をだす。
一九三九（昭一四）	一九歳	京都探検地理学会に入会。
一九四〇（昭一五）	二〇歳	三高山岳部の部員三名で朝鮮半島北部の白頭山に登り、北面をくだって第二松花江源流の確認者となる（「白頭山をこえて満州へ」）。翌年にかけて京都探検地理学会樺太踏査隊に参加。イヌぞりの性能調査をおこなう（「犬橇の研究」）。
一九四一（昭一六）	二一歳	京都帝国大学理学部に入学、主として動物学を専攻。友人六名で学術探検をめざすグループ「ベンゼン核」を結成し今西錦司にその指導を依頼。京都探検地理学会ポナペ島調査隊に参加。学術探検家としての最初の実地訓練を受けた（「南洋紀行」）。

一九四二（昭一七）	二二歳	北部大興安嶺探検隊に参加（中国黒竜江省）。脊梁山脈ぞいの白色地帯を踏破。トナカイ遊牧民を見る（「黒竜江上流の魚類群集」ほか）。
一九四三（昭一八）	二三歳	徴兵検査。第一乙種合格（戦車兵）。京都帝国大学理学部卒業。同大理学部大学院に入学。大学院特別研究生制度により入営延期。ＡＡＣＫ（京都大学学士山岳会）に入会。
一九四四（昭一九）	二四歳	財団法人蒙古善隣協会西北研究所（張家口）嘱託、のちに所員。九月から翌年二月までチャハル盟およびシリンゴル盟でモンゴル牧畜を調査。一九四五年八月の終戦で張家口を脱出、天津へ。北京に移動し、翌年にかけて資料の整理をおこなう（『回想のモンゴル』）。
一九四六（昭二一）	二六歳	帰国。大学院に復帰。京都大学ローマ字会を組織、ローマ字の科学雑誌『SAIENSU』創刊に参画。モンゴルのフィールドノートをローマ字タイプライターで内容別にカード化。
一九四七（昭二二）	二七歳	日本エスペラント学会に入会する。
一九四九（昭二四）	二九歳	大阪市立大学助教授（理工学部）。京都府山岳連盟屋久島踏査隊に参加（「ヤク島の生態」）。
一九五二（昭二七）	三二歳	日本山岳会に入会。マナスル計画に参加するつもりであったが肺結核になり、自宅で二年間の療養生活をおくる。エスペラントを活用して世界じゅうのエスペランチストと文通して、各国の切手を収集。その整理で世界の地理、歴史に強くなる。
一九五四（昭二九）	三四歳	思想は論ずるためだけにあるのではない、アマチュアの自由な使用にゆだねるべきだと『思想の科学』創刊号に執筆する（「アマチュア思想家宣言」）。「わるいのは男です」「妻無用論」「あたらしい家庭づくり」など文明論的女性論、家庭論を展開（『女と文明』）。
一九五五（昭三〇）	三五歳	京都大学カラコラム・ヒンズークシ学術探検隊のヒンズークシ支隊人類学班に属し、モゴール族の調査をおこなう。帰路、自動車でカーブルからカイバル峠を越え、北インドを横断してカルカッタまで走る。車中では膝にポータブルのタイプライターをのせ、車窓からの観察をローマ字で記録しつづけた（『モゴール族探検記』『アフガニスタンの旅』）。これ以後、宗教の比較文明論的考察に興味をもちはじめる。

一九五七（昭三二）	三七歳	「文明の生態史観」を『中央公論』二月号に発表（『文明の生態史観』『An Ecological View of History: Japanese Civilization in the World Context』）。翌年にかけて第一次大阪市立大学東南アジア学術調査隊に隊長として参加。隊員六名全員が自動車の運転免許を取り、三台の車を交代で運転して調査地をまわった（『タイ―学術調査の旅』『インドシナの旅―カンボジア、ベトナム、ラオス』『東南アジア紀行』）。
一九五九（昭三四）	三九歳	自宅で金曜サロン（梅棹サロン）を開く。のち、一九六四年には人類学の自主講座「京都大学人類学研究会」（近衛ロンド）に発展。日本の各地を訪れて、国のありかたを文明論的観点から考察した（『日本探検』）。
一九六一（昭三六）	四一歳	京都大学から理学博士号を授与される（学位論文「動物の社会干渉についての実験的ならびに理論的研究」）。第二次大阪市立大学東南アジア学術調査隊に参加。北タイの調査ののち、単独でビルマ、東パキスタン、インド、ネパールを踏査（『東南アジア紀行』）。
一九六二（昭三七）	四二歳	京都大学人文科学研究所の今西錦司教授主宰の共同研究会「霊長類におけるカルチュアとパースナリティの研究」において「比較宗教論」の題で発表。
一九六三（昭三八）	四三歳	「情報産業論」を『放送朝日』一月号に発表。ただちに『中央公論』三月号に転載される。情報のもたらす文明論的変革、「工業の時代」から「情報産業の時代」を予想（『情報の文明学』）。翌年にかけて京都大学アフリカ学術調査隊に参加。タンザニアのダトーガ牧畜民を調査（『サバンナの記録』）。調査のあいまに宗教に関するメモを大量に作り、原稿を書いた（「比較宗教論への方法論的覚え書き」）。
一九六四（昭三九）	四四歳	「万国博をかんがえる会」を友人たちとつくり、自由勝手なテーマで議論をかさねた。これがのちに未来学研究会となり、一九六八年発足の日本未来学会の母体となる。京大人文研の今西研究会「人類の比較社会学的研究」にて「比較宗教論」の題で発表（「諸文明における宗教の層序学」）。岩波市民講座での講演「狩猟と遊牧の世界」に加えて、遊牧の本

		質と起源について自説を展開（『狩猟と遊牧の世界』）。
一九六五（昭四〇）	四五歳	大阪市立大学（理学部）を退職し京都大学助教授（人文科学研究所）となる。アフリカ牧畜民の家族と家畜群に関する社会人類学的な論文が認められて、理科から文科へ転向。
一九六七（昭四二）	四七歳	第一次京都大学ヨーロッパ学術調査隊に参加。スペインのバスク地方で農村調査をおこなう（『素顔のヨーロッパ』）。
一九六八（昭四三）	四八歳	京都大学大サハラ学術探検隊に参加し、リビアで牧畜民の研究調査にあたる。翌年にかけて日本万国博覧会世界民族資料調査収集団（ＥＥＭ）を組織し、世界各地に団員を派遣。
一九六九（昭四四）	四九歳	京都大学教授（人文科学研究所）。第二次京都大学ヨーロッパ学術調査隊に参加し、中部イタリアの山村で牧畜の調査。『図書』の連載「知的生産の技術について」に手をいれ、いくつかの章を書きたして一冊にまとめる（『知的生産の技術』）。
一九七四（昭四九）	五四歳	国立民族学博物館が創設されて館長に就任。
一九七九（昭五四）	五九歳	「著作集」編集のために著作目録を作る（『梅棹忠夫著作目録』）。
一九八〇（昭五五）	六〇歳	還暦記念シンポジウム「文明学の構築のために」で、基調講演「生態系から文明系へ」をおこなう（『文明学の構築のために』）。
一九八六（昭六一）	六六歳	中国旅行より帰国後、目が見えなくなり、ウイルスによる球後視神経炎と診断される。七カ月の入院加療をへても視力は戻らなかった（『夜はまだあけぬか』）。
一九八九（平元）	六九歳	「梅棹忠夫著作集」（全二二巻　別巻一）の刊行開始（第五巻『比較文明学研究』）。完結は一九九四年六月（別巻『年譜　総索引』）。
一九九二（平四）	七二歳	自分の、なれそうで、なれなかった人生の空想的回想録をまとめる（『裏がえしの自伝』）。
一九九三（平五）	七三歳	国立民族学博物館長を任期満了により退任。同館顧問、名誉教授。総合研究大学院大学名誉教授。
一九九四（平六）	七四歳	文化勲章受章。

一九九六(平八)	七六歳	『日本経済新聞』「私の履歴書」欄に自伝を三〇回連載（『行為と妄想—わたしの履歴書』）。京都大学名誉教授。
二〇〇三(平一五)	八三歳	「西堀栄三郎記念　探検の殿堂」に「探検家」として殿堂いり。
二〇〇八(平二〇)	八八歳	米寿記念シンポジウム「梅棹忠夫の世界」でコメントを述べる（『梅棹忠夫に挑む』）。
二〇〇九(平二一)	八九歳	『著作目録』の増補改訂版を出す（『梅棹忠夫著作目録（一九三四—二〇〇八）』）。「著作集」以後に書いた山に関する論稿を一冊にまとめる（『山をたのしむ』）。
二〇一〇(平二二)	九〇歳	『山をたのしむ』の刊行がきっかけで「梅棹忠夫・山と探検文学賞」が創設される。七月三日　老衰のため自宅で永眠。

＊　＊　＊

二〇一一(平二三)		企画展「民族学者　梅棹忠夫の眼」（写真展）が国立民族学博物館本館で、特別展「ウメサオタダオ展—知的先覚者の軌跡」が同館特別展示館で開催（『梅棹忠夫—知的先覚者の軌跡』）。東京の日本科学未来館にて企画展「ウメサオタダオ—未来を探検する知の道具」が開かれた。
二〇一三(平二五)		国立民族学博物館に梅棹資料室が開室される。
二〇一四(平二六)		国立民族学博物館のＨＰで「梅棹アーカイブズ」が公開開始。学習キット「みんぱっく」で「あるく、ウメサオタダオ展」の運用が始まる。
二〇二〇(令二)		国立民族学博物館で、梅棹忠夫生誕一〇〇年記念企画展「知的生産のフロンティア」開催。

（作成・三原喜久子）

中牧弘允（なかまき　ひろちか）略歴

一九四七（昭二二）年、長野県に生まれる。

一九七〇（昭四五）年、埼玉大学教養学部卒業（文化人類学専攻）。

一九七六（昭五一）年、東京大学大学院人文科学研究科博士課程単位取得退学（宗教学専攻）。文学博士（一九八六）。

一九七六（昭五一）年より日本学術振興会奨励研究員。

一九七七（昭五二）年より国立民族学博物館に勤務。

二〇一二（平二四）年、国立民族学博物館を定年で退職。

国立民族学博物館名誉教授、総合研究大学院大学名誉教授。

同年六月より吹田市立博物館館長に就任、現在は特別館長。

二〇一八（平三〇）年より千里文化財団理事長。

日本、アメリカ、ブラジル、イギリス、中国などで宗教人類学、経営人類学、ブラジル研究、暦文化研究、万博研究などに従事。

おもな著書

『日本宗教と日系宗教の研究―日本、アメリカ、ブラジル』（刀水書房、一九八九年）
『宗教に何がおきているか』（平凡社、一九九〇年）
『むかし大名、いま会社―企業と宗教』（淡交社、一九九二年）
Japanese Religions at Home and Abroad: Anthropological Perspectives (RoutledgeCurzon, 2003)
『会社のカミ・ホトケ―経営と宗教の人類学』（講談社、二〇〇六年）
『カレンダーから世界を見る』（白水社、二〇〇八年）
『ひろちか先生に学ぶ　こよみの学校』（つくばね舎、二〇一五年）
『世界をよみとく「暦」の不思議』（イースト・プレス、二〇一九年）

おもな編著・共編著

『神々の相克―文化接触と土着主義』（新泉社、一九八二年）
Japanese Civilization in the Modern World VI Religion (Senri Ethnological Studies, no.29, 1990)
『新宗教事典』（弘文堂、一九九〇年）
『宗教の比較文明学』（春秋社、一九九三年）
『グローバル化するアジア系宗教―経営とマーケティング』（東方出版、二〇一二年）
Tadao UMESAO *Japanese Civilization in the Modern World: An Introduction to the Comparative Study of Civilizations* (Bier'sche Verlangsanstalt, 2013)
『世界の暦文化事典』（丸善出版、二〇一七年）

あとがき

一九七〇年、わたしは淡交社から刊行された井門富二夫、吉田光邦編『日本人の宗教』をすぐに購入した。指導教官だった柳川啓一先生の「祭りの構造からみた日本の宗教の特性」という報告が載っていたからである。当時、わたしは東京大学の大学院に入学したばかりであり、宗教学研究室で柳川先生の薫陶をうけていた。そしてこの本と出会い、一気に通読した記憶がある。「月報」も読んだはずだが、梅棹忠夫先生のことはまったく記憶から消えていた。それが今回、はからずも梅棹アーカイブズの資料整理の一環として白羽の矢が立てられたのである。

「月報」で執筆者の交替を告げたのは服部友彦氏である。服部さんにはのちにわたしも『むかし大名、いま会社―企業と宗教』（淡交社、一九九二年）という小著でお世話になった。これは「日本文化のこころ　その内と外」という全一〇冊シリーズのひとつで、配列を見ると、どうもわたしがトリをつとめていたようである。岩田慶治先生のおすすめによるものだった。

本書の企画を淡交社に打診する際、服部さんは定年を間近にひかえていた。しかし、親身に相談にのってくださり、貴重な情報も提供していただいた。また滝井真智子編集局長にもつないでくだ

さり、滝井さんには懇切丁寧な本づくりをしていただいた。

このような不思議な人間関係のなかでことがはじまり、順調にすすんでいった。なによりも心づよかったのは、梅棹資料室の三原喜久子さんと明星恭子さんから終始かわらぬご支援をいただいたことである。厄介な「こざね」の再配列もおふたりの協力のもと、心やすらかにとりくめた。『千里眼』への寄稿はおくれがちではあったが、編集担当の千葉美由樹さんから子細なチェックをうけることができた。

また「梅棹忠夫著作集」からの再録をゆるしていただいた中央公論新社ならびに平凡社からも他社での出版にご理解をいただき、あつく御礼をもうしあげたい。

最後に、梅棹先生によろこんでもらえたら、それ以上のしあわせはないのだが…。

二〇二〇年三月

中牧弘允

編集協力　国立民族学博物館梅棹資料室
デザイン　濱崎実幸

梅棹忠夫の「日本人の宗教」

二〇二〇年五月六日　初版発行

著者　梅棹忠夫
編著者　中牧弘允
発行者　納屋嘉人
発行所　株式会社　淡交社
本社　〒六〇三－八五八八　京都市北区堀川通鞍馬口上ル
〔営業〕〇七五－四三二－五一五一
〔編集〕〇七五－四三二－五一六一
支社　〒一六二－〇〇六一　東京都新宿区市谷柳町三九－一
〔営業〕〇三－五二六九－七九四一
〔編集〕〇三－五二六九－一六九一
www.tankosha.co.jp

印刷・製本　亜細亜印刷株式会社

ISBN978-4-473-04398-6